우리 집은 마법학교

우리 집은 마법학교

행복을 만드는 우리 가족 마술 교과서

강덕호 · 강혜원 · 고삼식 · 곽유영 · 이승희 · 전옥희 · 조동희 공저

좋은땅

책머리에

이 책은 아동을 자녀로 둔 부모들을 위한 마술 교과서입니다.

이 책의 공동 저자들은 10~20년 이상 교육 현장에서 왕성한 활동을 하고 있는 현직 마술강사들입니다. 우리는 가정에서 자녀들이 스마트폰과 인터넷, TV에 몰입해 부모와의 대화가 점점 줄어들고, 나아가 가정에서의 안정감, 그리고 부모와의 유대관계가 점점 줄어드는 것에 대해 염려했습니다.

우리 저자들은 많은 대화와 토론을 통해, 가정에서 부모와 자녀가 함께 공유할 수 있는 다양한 소재 중 하나로써, 마술이라는 소재가 매우 적합하다는 의견에 공감했습니다. 아이들은 마술에 왕성한 호기심을 보이고, 어른들도 쉽고 재미있게 즐길 수 있는 컨텐츠이기 때문입니다. 그리고 가정에서 부모와 자녀가 마술을 함께 공유하고 즐길 수 있는 방법 중 하나로, 우리 집을 마법학교로 만들어 보자는 재미있는 생각을 하게 되었습니다.

우리 공동 저자들은 부모가 먼저 마술을 배우고, 자녀에게 직접 보여 주고, 자녀에게 가르쳐 주는 과정에서 부모와 자녀의 상호작용을 통해 더 즐겁고 행복한 가정을 만들 수 있는 계기가 될 수 있다는 확신을 가지고 있습니다. 그래서 가정 안에서 자녀들의 자존감을 높여 주는 것을 목표로 이 책을 집필하기로 했습니다.

우리는 그동안의 경험을 바탕으로 아이들이 가장 좋아하고 재미있어 하는 마술들을 골라 이 책에 담았습니다. 이 책을 통해 누구나 쉽고 재미있게 마술을 배울 수 있으며, 자녀들에게도 얼마든지 가르쳐 줄 수 있습니다. 가정이라는 장소에서, 부모로부터 재미있는 마술을 경험하고, 또 배워서 친구들에게도 보여 주며 인기를 얻는 우리 자녀들의 모습을 상상하는 것은 우리 모두에게 즐겁고 행복한 일입니다.

마술의 세계에 들어온 여러분을 진심으로 환영합니다. 이제 우리 자녀들에게 있어서, 가장 훌륭하고 멋진 마술사는 바로 이 책을 통해 마술을 배우고 멋지게 성공시킬 부모 여러분입니다. 마음의 준비가 되었다면, 이제 본격적으로 마술을 배워 봅시다.

강덕호

매직컨텐츠 연구소 대표
마술사 1급 / 마술강사 1급 / 레크리에이션 1급 자격
前 대한민국 마술강사연합회장
대한민국 청춘마술연합회 부회장
포항 연예예술인 총연합회 포항지회 분과위원장
초 · 중 · 고등학교 방과후학교 및 진로체험 강의 다수

강혜원

교육발명마술연구원 대표
대구교육대학교 교육학석사
대구교육대학교 교육학과 학부 출강
대한민국 청춘마술연합회 회장
기업 · 관공서 · 학교 등 강연과 공연 다수
저서:《어쩌다 마술》

고삼식

블루매직 대표
(사)한국마술문화협회 거제 지부장
국제마술사협회(IMS) 정회원
前 대한민국 청춘마술연합회장
마술사 1급 / 마술교육지도사 1급 / 평생교육사 / 스토리텔링 교육
놀이지도사
저서 :《비즈니스 매직》

곽유영

한국마술연구소 대표
대한민국 마술강사연합회 부회장
데이브레이크대학교 결혼과 가족치료학과 석사
데이브레이크대학교 성상담치료 및 교육학과 박사과정
내면 아이 상담사 / 교육마술지도사 / 심리상담사 / 웃음치료사
거창 청소년 수련관 / 진주 성폭력센터 강사

이승희

드리밍매직 대표
국제마술사협회(IMS) 정회원
한국마술학회 마술강사 1급 자격
한국교육문화협회 레크리에이션 1급 / 웃음치료사 1급 자격
국제평생교육 개발원 방과후 아동지도사
평택교육지원청 방과후학교 및 진로체험 강사

전옥희

도담매직 대표
극단 희망나무 단장
교육마술지도사 1급 / 방과후지도사 1급
평생교육사 / 청소년 지도사
한국마술사협회(KMS) / (사)한국마술문화협회 정회원
교육청 교사연수 및 초 · 중 · 고 방과후학교 강의 다수

조동희

극단 공연마켓 대표
前 동아보건대학교 마술학과 교수
마술교육지도사 / 평생교육사
저서 : 《마술교육 가이드》, 《영업하는 마술사》, 《어쩌다 마술》, 《비즈
니스 매직》, 《우리 선생님은 마법사》, 《마술, 다시 청춘으로》

목차

 강덕호

 강혜원

고삼식

곽유영

이승희

전옥희

조동희

강덕호

"얘들아, 어젯밤에 그거 봤나? 거기서 임하룡이 다이아몬드 스텝을 발바닥의 땀이 나도록, 양말에 구멍이 나도록 밟았다 아이가? 이렇게 이렇게!"

학창 시절, 우리들의 최고 인기 프로그램은 뭐니 뭐니해도 〈쇼 비디오쟈키〉와 〈유머 일번지〉였다. 토요일과 일요일을 TV 앞으로 자동 착석하게 만드는 그 코메디 프로그램이 나는 마냥 좋았다. 다음 날 학교와 골목길에서 친구들을 만나면 전날에 본 〈부채도사〉, 〈시커먼스〉, 〈네로 24시〉에 나왔던 코메디언들 흉내를 내면서 서로가 배꼽이 빠지게 웃었다. 많이 서툴고 가끔은 부끄러웠지만 너무도 즐거웠고 그런 나는 단연 동네의 인기스타였다. 사람들 앞에서 이목을 끌고 주목을 받는 것이 그렇게 기분이 좋을 수가 없었다. 공부도 운동도 딱히 내세울 만큼의 실력이 못 되었던 내가 유일하게 인정받는 것이 바로 이것이었다.

그렇게 동네에서 장난꾸러기로 통하는 나는 기회가 되면 많은 사람들 앞에서 공연을 해 보고 싶다는 마음을 안고 성장하게 되었다. 하지만 대부분의 사람들이 그렇듯이 현실 속에 주어진 시간을 보내며 고등학교까지 마치고 직장을 다녔고 정말 남들처럼 그렇게 평범하게 살았다.

사랑하는 사람을 만나 가정을 이루고 살았지만, 말로 설명할 수 없는 공허함이 늘 있었다. 직장과 가정에서 채워지지 않는 무언가를 위해 깊이 생각해 보았다. 몇 날 며칠을 생각해 보니 사람들 앞에서 웃겨 주고 사회를 자주 보았던 어릴적 내 모습이 떠올랐다. 그래서 알음알음하여 레크리에이션이라는 것을 알게 되었고 잔심부름 등 보조 과정을 거쳐 본격적인 봉사활동을 하기 시작했다. 역시나 보람이 있고 즐거웠다. 대부분 차비도 못 받는 무보수로 임하는 것이었지만 나를 보고 즐거워하는 그들을 보며 내 자신이 더 힐링되고 행복했다.

더 나은 행보를 위해 위덕대학교 평생교육원에서 레크리에이션을 정식으로 배우며 입문했다. 주위에선 그 나이에 직장도 있는데 왜 또 새로운 모험을 하냐고 만류를 했지만 나의 마음은 직진이었다. 다행히 아내가 나의 결심을 지지해 주고 적극 응원해 주었기에 가능했다. 그때 함께하던 팀이 바로 '탱크'이고 지금까지도 나의 트레이드 마크가 되어 있다.

시간이 지날수록 나를 찾아 주는 단체나 업체가 많아졌고 지역에서 나름 인지도도 높아졌다. 그러나 배움에는 끝이 없고 사람의 욕심에는 한계가 없다고 했던가? 레크리에이션을 하면서도 '어떻게 하면 질적으로 좀 더 나은 모습을 보여 줄까?'를 꾸준히 생각했다. 또 '여기서 무엇을 더 보태면 꽉 찬 프로그램으로 운영할 수 있을까?' 꼬리에 꼬리를 무는 고민을 하고 있을 때 드디어 "마술"을 접할 기회가 생겼다. 정해진 조건에서 나에게 맡겨진 그 시간을 최고로 채우고 싶었다. 지인의 소개로 대학에 마술 학과가 있음을 알게 되었고 나는 또 한 번의 도전을 하게 되었다.

2015년 봄, 드디어 나는 직장을 그만두고 대구미래대학교 마술 학과를 입학했다. 잘 다니던 회사를 내려놓고 가장으로서의 책임감을 뒤로 한 채 보장되지 않은 길을 간다는 것은 여간 어려운 결정이 아니었다. 내게는 토끼 같은 아들이 셋이나 있었고 아내의 눈치를 보지 않을 수 없었다. 지금에 와서 하는 말이지만 참 무모한 결정이었고 입장을 바꿔 놓고 생각해도 아내에게 미안할 따름이다. 어린이집을 운영하는 아내는 나의 이 철없는 선택을 싫은 내색 없이 이해해 주었다. 아마 그때 마술 학과를 진학하지 않더라도 나라는 사람이 언제든 마음먹은 대로 할 것이라고 여겼던 모양이다.

마술 학과의 진학과 함께 마술 사무실도 열었다. 직장생활을 할 때처럼 꾸준한 수입을 들여다 주는 것은 아니여서 나는 더욱 가정에 충실했다. 당시 아내는 이왕 할거면 재밌게 그리고 제대로 해 보라며 오히려 나를 응원해 주었다. 그렇게 교회, 요양병원, 유치원, 학교, 각종 축제, 길거리 공연 등 어느 곳이든 달려가고 있다.

비록 낙타가 바늘구멍 통과하듯 남들이 가지 않는 어려운 길을 가고 있지만 나는 그 어느 때보다 행복하다. 또 나와 뜻을 같이 하는 마술사 7명도 있기에 든든하게 길을 걸어가고 있는 중이다. 지금처럼 나를 찾아 주고, 나를 보며 웃어 주는 사람들이 있는 한 어디든지 출발할 준비가 되어 있다.

드롭 링 (Drop Ring) 마술

이 마술은 손에서 떨어뜨린 링이 순식간에 줄에 걸리는 마술이다.

마술사는 엄지와 검지로 목걸이를 걸고, 다른 손으로 링을 잡는다. 링을 놓으면 당연히 바닥에 떨어져야 하는데, 링이 떨어지면서 줄에 감기듯 걸리게 된다. 아주 간단한 동작인데도, 신기한 마술이 일어난다. 이  광경을 보는 순간 아이들은 굉장한 호기심을 보이며 따라해 보려고 애쓰지만, 잘되지 않는다.

이 마술은 보는 것도 재미있지만, 직접 배워 보면서 해 보면 더 재미있는 마술이다. 주의 집중 효과가 뛰어나고 몇 번을 반복해서 해 보아도 재미있다. 하지만 매번 성공하는 것이 쉽지는 않다. 성공을 하면 성공을 하는 대로, 실패하면 실패하는 대로 다시 도전하는 재미가 있다. 휴대가 용이하고, 마술을 보여 준 뒤 직접 해 보라고 할 수도 있고, 마술사는 되는데 아이들은 잘 안되는 약오르는 마술이기도 하다.

연출 영상   해법 영상   도구 구입

 연출 멘트

1) 여기에 동그란 링과 줄이 있습니다.

2) 먼저, 링과 줄에 혹시 이상이 있는지 확인해 주세요.

3) 자, 이제 줄을 손에 잡고, 다른 손으로 링을 잡아 보겠습니다.

4) 링을 줄 안에 넣어 줍니다.

5) 하나, 둘, 셋 하고 엄지와 검지를 떼어 주면 링이 떨어집니다.

6) 떨어진 링을 다시 잡고, 콧기름을 바르고 다시 링을 넣어 줍니다.

7) 하나, 둘, 셋 하고 손을 떼어 주면 이번에는 링이 줄에 걸립니다.

2

주사위 알아맞히기 (Guess the dice) **마술**

이 마술은 통 안에 들어 있는 주사
위 숫자를 알아맞히는 마술이다.

주사위를 아이에게 주고, 아이가
좋아하는 주사위 숫자를 고르게 한
다. 마술사가 뒤돌아 있는 동안, 아
이는 자신이 고른 그 숫자가 윗면으
로 오게 하고 통 안에 넣어 뚜껑을
닫는다. 마술사는 통의 뚜껑을 열지
않고 숫자를 알아맞힌다.

뚜껑을 열지 않고 통 안에 들어 있는 숫자를 맞힌다는 것은, 정말 신
기하고 멋진, 마술다운 마술이다. 마음속으로 생각한 숫자를 어떻게

맞힐 수 있는지 아무리 생각해도 그 비밀을 알아낼 수가 없다. 정말 마음속으로 생각한 것을 읽을 수 있는 것인가? 그럴 리가 없을 텐데…. 그래서 더 궁금하고 비밀을 알고 싶어 하는 마술이다. 나도 처음 이 마술을 보았을 때 너무너무 신기하고 재미있었다. 아이들도 좋아하지만, 어른들도 이 마술을 보면 금세 얼굴이 함박웃음을 지으며 궁금해하고 너무너무 배워 보고 싶어 하는 마술이기도 하다.

| 연출 영상 | 해법 영상 | 도구 구입 |

 연출 멘트

1) 여기 통이 있습니다.

2) (통을 흔들어 주면서) 통 안에는 뭐가 있을까요?

3) (대답을 듣고 나서) 통을 열어 보겠습니다.

4) 통 안에서 작은 통이 나왔네요.

5) (통을 흔들어 주면서) 이 작은 통 안에는 뭐가 있을까요?

6) (대답을 듣고 나서) 뚜껑을 열어 보니 주사위가 있네요.

7) (작은 통과 주사위를 건네주면서) 마술사는 뒤돌아 있을 테니,

8) 그동안 좋아하는 숫자, 만약 4라면 4가 보이도록 통에 넣고 뚜껑을 닫아 줍니다.

9) (뒤돌아 선 채로) 뚜껑을 잘 닫았나요?

10) (대답을 듣고 돌아서서) 통을 주세요.

11) (통의 뚜껑 쪽을 보여 주며) 혹시 주사위 숫자가 보이나요?

12) (통을 뒤집어서 아래를 보여 주며) 주사위 숫자가 보이나요?

13) 작은 통을 큰 통에 넣고 뚜껑을 닫아 줍니다.

14) 큰 통 바닥에는 그림이 있습니다.

15) (바닥을 보여 주며) 무슨 그림처럼 보이나요?

16) (눈처럼 보인다고 하면) 마술사는 이 눈을 보면 주사위 숫자가 보입니다.

17) 그런데 잘 안 보이네요.

18) 마술사처럼 주먹을 살짝 쥐고 따라해 보세요.

19) 마술사 손에 주먹을 얹어 주세요.

20) (손을 맞잡고) 마술사의 눈을 보고 주사위 숫자를 생각하면서 텔레파시로 보내 주세요.

21) 다른 숫자를 생각하면 안 돼요. 주사위 숫자를 생각해 주세요.

22) 주사위 숫자는 ○입니다.

3

덤팁 앤 실크 (Thumbtip and Silk) 마술

이 마술은 주먹을 쥔 손안에 손수건을 넣고 마술을 걸면 손수건이 감쪽같이 사라졌다가, 다시 나타나는 마술이다.

마술사는 작은 빨간색 손수건을 꺼내 보여 준다. 그리고 이 손수건은 손안에서 순식간에 사라진다. 분명히 사라졌는데, 또 어디에선가 손수건이 다시 나타난다. 많은 마술들이 한순간 이루어지고 신기하지만, 분명히 손안에 아무것도 없는데 손수건이 사라지고 다시 나타나는 모습을 보면 정말 마법 같다는 생각이 들 정도이다. 단순하면서도 매우 직관적이고, 연출하기에 따라 다양하게 응용해서 보여 줄 수 있다.

하지만 이 마술은 도구의 특성과 원리를 잘 이해해야 하며, 연습을 많이 해야 하는 마술이다. 내 손을 보지 않고, 아이와 눈을 마주치며 자연스럽게 할 수 있도록 익숙해져야 한다.

연출 영상

해법 영상

도구 구입 1

도구 구입 2

 **연출 멘트**

1) (손수건을 흔들며) 여기 손수건이 있습니다.

2) (손수건을 주먹 위에 올려놓으며) 손수건을 주먹 안에 넣어 줍니다.

3) 여러 손가락을 이용해서 넣어 줍니다.

4) 마술사가 주문을 걸면, 하나, 둘, 셋! 손수건이 사라졌습니다!

5) 손으로 작은 원을 그리면서, 하나, 둘, 셋!

6) 공중에서 마법의 가루를 가져다가 주먹에 뿌려 줍니다.

7) 주먹 안에서 손수건이 다시 나타납니다.

4

매직북 [Coloring Book] 마술

이 마술은 아무것도 없는 공책에 연필이나 크레파스와 같은 도구 없이 마술로 밑그림을 그리고 색깔도 칠할 수 있는 마술이다.

마술사는 손에 공책을 한 권 들고 보여 준다. 분명히 아무것도 그려져 있지 않은 빈 공책이다. 하지만 마술사가 공책에 마술을 걸면 밑그림이 그려지고, 다시 한번 마술을 걸면 밑그림에 예쁜 색깔이 칠해진다. 아무것도 없는 공책에 그림이 나타나는 순간 아이들은 "우와~" 하는 감탄과 함께 신기하다는 표정을 짓는다. 연출 방법이 단순해서 누구나 금방 배워서 할 수 있다.

이 마술은 특별히 어린 아이들이 좋아하는 마술이다. 평소에 도화지나 그림책에 색연필이나 크레파스와 같은 것을 가지고 그림을 그려 왔던 아이들에게 마술로 그림을 그려 준다는 것은 동화 속에서나 볼 수 있는 장면이다. 하지만 안타깝게도 이 마술 그림책은 아이에게 직접 건네줄 수는 없다는 것이 유일한 단점이다.

연출 영상   해법 영상   도구 구입

 **연출 멘트**

1) 여기 공책이 한 권 있습니다.

2) 공책의 색깔이 무슨 색이지요?

3) 네~ 노란색이죠.

4) 평소에 엄마 아빠 말씀을 잘 듣나요?

5) 엄마 아빠 말씀을 잘 듣는 친구들은 흰색으로 보이고,

6) 그렇지 않은 친구들은 까만색으로 보이는 신기한 마술 책입니다.

7) (공책을 펼쳐서 보여 주고 나서) 흰색으로 보이나요? 까만색으로

보이나요?

8) (공책을 돌려주며) 책을 이렇게 세 바퀴 돌려 주면, (공책을 펼쳐 보여 준다)

9) 다시 한 번 공책을 돌려 주고, (공책을 펼쳐 보여 준다)

10) 이번에는 공책을 들고 잘 털어 주면

11) (공책을 펼쳐서 보여 주며) 다시 흰색으로 변하는 마술입니다.

5

딜라이트 (Delight) 마술

이 마술은 손에서 반딧불 같은 불빛을 만들어 내는 마술이다.

마술사는 아무것도 없는 빈 손에서 불빛을 만들어 낸다. 이 불빛을 오른쪽 귀로 넣어 왼쪽 귀로 나오게도 하고, 입으로 먹기도 한다. 입으로 먹은 불빛이 엉덩이로 다시 나오기도 하고 팔꿈치로 들어간 불빛이 팔을 타고 이동해 손끝으로 다시 나오기도 하는 신비한 마술이다.

불빛을 이용한 마술의 특성상 약간 어두운 곳에서 보여 주면 좋은 마술이다. 마술 자체는 불빛을 손끝에 만들어 내고 다시 사라지게 하는 것인데, 이것을 어떻게 다루냐에 따라 재미있게도 혹은 신비롭게도 보여 줄 수 있다. 유아들도 아동들도 성인들도 신기해하는 마술이고, 마술을 배운 뒤에는 함께 연출을 하며 더 즐거운 시간을 보낼 수 있는 마술이다. 아이들이 좋아하는 적당한 음악을 골라서 음악을 틀어 놓고 연출을 하는 것도 좋은 방법이다.

연출 영상

해법 영상

도구 구입

 **연출 멘트**

1) 선물 받는 거 좋아하나요? 선물을 준비했어요!

2) (주머니에서 꺼내듯이) 선물은 바로 이 불빛이에요.

3) 이 불빛은 오른쪽 귀로 집어넣으면, 왼쪽 귀로 나옵니다.

4) 다시 왼쪽 귀로 넣으면 오른쪽 귀로 나옵니다.

5) 입으로 먹으면 엉덩이로 나옵니다.

6) (얼굴을 찡그리며) 냄새가 나네요.

7) 두 손을 모아 하트를 그려 줍니다.

8) 공중에 던지고 다른 손으로 불빛을 잡아 줍니다.

9) 불빛을 팔꿈치에 넣어 주면 손가락으로 이동합니다.

10) 불빛을 이렇게 양손으로 주고받기도 합니다.

마술과 자신감

　마술이란 재빠른 손놀림이나 여러 가지 장치, 속임수 따위를 써서 불가사의한 일을 하여 보임. 또는 그런 술법이나 구경거리(출처 : 네이버 어학사전)를 말한다. 영어로는 magic, 마술사는 magician이라고 하며 최근에는 일루셔니스트(The Illusionist)라고 많이 불리어진다. 눈앞에서 카드가 바뀌고 사람이 사라지는 등 마술은 정말 매력적인 행위가 아닐 수 없다. 가히 예술이라는 말을 지칭하더라도 손색이 없다.

　사람은 저마다 하나쯤 잘하는 분야가 있다. 글을 잘 쓰는 사람, 그림을 잘 그리는 사람, 노래를 잘하는 사람, 또 말을 잘하는 사람 등 각자의 재능이 있다. 잘하는 것은 곧 자신감으로 이어진다. 그리고 그것은 삶의 활력이며 인생에 있어서는 하나의 행복이기도 하다. 하지만 모든 사람이 스스로가 무엇을 잘하고 좋아하는지 알지는 못한다. 성인이 되어서도 그러한 경우가 있는데 어린 나이일 경우에는 더욱 많을 것이다. 그래서 부모나 주변 사람들, 책 등을 통해 끊임없이 자신을 찾아가는 작업을 하며 살아간다. 왜냐하면 앞에서도 언급했듯이 잘한다는 것은 결국 자신감이기 때문이다.

그렇다면 마술과 자신감은 어떤 관련이 있을까? TV는 물론이고 스마트폰의 보급과 그에 따른 각종 매체를 통해 세상을 빠르고 쉽게 접하며 살고 있다. 유튜브라고 하는 이 엄청난 플랫폼은 하루가 다르게 발전하여 입이 떡 벌어지는 수준에 이르렀다. 마술 하나로 일생일대의 스타가 되기도 하고 성격 또한 변할 수 있다. 각종 매체에서 소개하는 마술사들을 보면 점점 연령대가 어려짐을 알 수 있다. 그들은 대체로 어린 시절 소심한 성격으로 고민하다가 부모님의 손에 이끌려 마술학원에 가게 되었다고 한다. 끝없는 연습을 통해 수준급의 마술을 선보이며 자신감이 올라갔다. 작게는 학교의 친구들에서부터 크게는 여러 매체에 등장하면서 말이다.

스포츠의 영역으로만 알았던 올림픽이 마술에서도 있다는 것을 알고 있는가? 이름만 들어도 알 만한 '이은결', '최현우' 마술사들은 국제무대에 나가서 최고의 영예를 얻어 오는 등 활발한 활동을 하고 있다. 그들 또한 자신감 향상을 위해 마술학원에 발을 들이면서 블랙홀 같은 세계에 빠졌다고 한다.

주의가 산만하여 자주 혼나는 아이도, 말문을 닫아 버려 속을 태우는 아이도 마술을 하며 아주 좋아졌다는 뉴스도 심심찮게 볼 수 있다. 잠시 검색만 해 봐도 마술과 관련된 각종 키트며 제품들이 즐비하다. 잠깐의 시간을 투자하여 마술을 익히고 솜씨를 발휘해 보라. 여러 사람들에게 호응을 받으며 스스로 자신감을 얻을 수 있을 것이다. 휴대폰 하나만 있으면 각종 플랫폼에 접속하여 마술의 기술을 어렵지 않게 배울 수 있다. 그렇게 얻은 자신감으로 힘겨운 삶을 헤쳐 나가는 발판으로 삼아 보면 어떨까?

자신이 무엇을 잘하는지 몰라 고민하고 있다면 또 자신감이 넘치는 사람이 부럽기만 했다면 도전해 보자. 글로 된 학습이 아닌 손으로, 몸으로 체험하는 마술의 세계에 노크를 해 보라. 지금 당장 관심을 갖고 주위를 둘러보자. 멀지 않은 곳에 마술학원이 있는가? 망설이지 말고 들어가 보길 권한다.

강혜원

땅에 발을 붙이고 세상의 작은 이야기가 울려 살을 에듯 불어 내던 칼바람의 경고 소리가 지난 2021년 겨울을 알렸다. 먼 중국에서 들려오는 코로나 바이러스의 등장으로 긴장의 연속은 한 길 넘어 창문을 흔들고 1월의 大寒의 경계 소리가 요란한 사이렌과 혼잡한 마음은 어지러운데 오라는 이 없는 봄의 소식은 백옥 같은 가지의 매화 한 그루에서 싸락눈 내리듯 꽃망울이 맺혀 2022년의 봄의 시작을 알렸다.

2년이란 시간에 마술과 교육이라는 중점 목적을 좀 더 깊이 알고자 머릿속에 맴돌고 있는 생각과 이론을 과연 학술에도 적합한지를 증명하고 싶었다. 우선 과학적 발명기법을 흥미롭고 신기한 마술이라는 매개체로 마술 교육에 새로운 접근을 시도하여 그로 인해 단순히 교육이라는 중점을 학교가 아닌 가정 안에서 부모님들의 흥미와 취미 활동이 자녀들의 배움의 과정을 통해 자녀들은 가정과 학교라는 범주 속에서 창의적인 어떤 생각을 그대로 구현하고 창의적인 목적을 달성할 수 있도록 능력과 기회를 제공할 수 있는 방법을 찾고 싶었다.

대구 교육대학교 교육대학원에서 지난날의 고민을 교수님들에 토로하고 마술과 과학의 적합성을 좀 더 심층 있게 교수님들과 연구 진행을 하였으며, 그로 인해 학교범위가 아닌 가정 속에서 의미 있는 소재 및 자료를 이용하여 자녀의 학습 의욕을 향상하고 탐구능력 및 창의력을 효과적으로 학교라는 큰 사회범위 속에 가정에서의 출발점이 매우 중요하다는 걸 깨달았다.

누구나 표현의 자유가 있고 표현의 자유는 결국 창의력을 통해 새로운 창조가 필요하므로 부모님 스스로 자녀의 동기유발을 위해 집중적으로 마음속에 있는 추상적인 생각을 구체화할 수 있는 창의적인 동기를 부여할 수 있어야 하므로 마술을 활용한 다양한 기법이 결국 발명이라는 흥미와 즐거움에서 찾을 수 있음을 알 수 있다.

1. 부모님께서는 마술을 직접 배워서 자녀에게 가르치는 것을 통해 마술의 즐거운 마음과 흥미를 통해 가정의 행복을 부여하며, 그로 인해 자녀는 즐거움을 찾고 익혀 나가고자 할 것이고 부모님께서는 무엇을 어떻게 가르쳐야 하는지?

2. 또한 마술의 배움에 있어 결국 '창의력의 발생과 즐거움을 무엇을 나중에 가르쳐야 하는지?'에 대한 의문과 설득력이 필요할 것이다.

결국 즐거움과 흥미의 배움에서 자녀들이 심리 사회성 발달에 대한 학동기의 성취감과 열등감을 느낄 시기에 마술의 익힘을 통해 자녀들이 느끼는 갈등을 부모님과 대화와 마술이라는 매개체로 문제해결 능력을 키우는 방법과 효과적인 교육 방법을 살펴보며 흥미와 호기심 자극 활동을 통한 탐구의 문제를 향상하는 재료를 제시하여 문제를 스스로 해결하는 과정을 학교와 가정에서 자아개념을 긍정적으로 발달할 수 있음을 믿고 있다.

세상에 가장 어려운 질문은 가정에서의 자녀들의 질문인 것 같다. 하지만 부모와 자녀의 경계라는 벽을 조금씩 허물고 앞으로 다가갈 수 있는 매개체가 결국 모두의 즐거움을 행복으로 제시하고 가장 가까이서 접할 수 있는 마술이라고 생각한다.

한 페이지 글을 쓰면서 남기고 싶은 글은 많이 있으나, 아쉬운 마음을 쓰다듬으며, 창문 밖을 향해 바라본다. 글을 쓰며, 올해 첫 글을 남기며, 공원을 향해 걸었다. 항상 걷던 이 길이 왜 이토록 낯설게 느껴지는지 모르겠다. 가로등과 함께 밤길을 지켜 주는 목련의 만개한 꽃송이는 단아하게 피어올라 고귀함을 물씬 풍기고 있었으며, 일제히 피어

난 분홍의 물결은 봄바람에 스친 꽃잎 바람을 일으켰다. 공원 옆 한 귀퉁이에 수줍게 매달린 붉은 꽃송이는 이제 진한 동백의 붉은 꽃잎이 흐드러지게 피어 여인들에게 사랑을 전해 줄 약속의 봄을 전달해 주는 것 같다.

이 책을 통해 부모님들이 우리 자녀들의 마술 선생님이 되어 우리 아이들의 상상의 그 이상이 가능하도록 우리 집을 마법학교로 만들어 갈 것이라 확신한다. 또한, 이 일련의 소통을 통해 가정과 자녀들의 행복함에 조금이라도 도움이 되었으면 하는 마음이 봄날의 꽃을 연상하며 여러분을 응원한다.

멜트 카드 (Melt Card) 마술

이 마술은 카드 지갑 안에 있는 두 장의 카드 중 한 장의 카드가 다른 카드 뒷면에 녹아내리거나 복사되는 신기한 마술이다.

마술사는 주머니에서 카드 지갑을 하나 꺼내 아무 이상이 없다는 것을 확인시켜 준다.

아이가 지갑 안에 들어 있는 두 장의 카드 중 하나를 선택하도록 하고, 선택한 카드를 나머지 다른 카드 위에 겹쳐 놓고 지갑을 닫은 뒤 함께 주문을 외운다. 그러면 신기하게도 카드 뒷면에 다른 한 장의 카드가 복사되어 인쇄가 되어 있다.

이 마술은 아이들의 눈앞에서 카드가 복사되어 녹아내리는 신기한 마술이다. 아주 쉽게 따라 배울 수 있다. 주머니에 휴대가 간편하여 언제 어디서나 마술을 보여 줄 수 있으며, 가족 간 대화가 단절된 부모님과 자녀 사이에 라포(rapport) 형성 및 친밀감과 소통 시간을 가지는 마술 도구로 굉장히 큰 효과를 보일 수 있는 마술이다. 하지만 지갑을 확인시켜 주는 과정에서 실수를 하면 마술의 효과가 떨어질 수 있으니 주의해야 한다. 아이가 이 마술을 배워서 잘 활용하면 교우관계 개선에 유용하다. 또한 자존감이 낮거나 우울감이 있는 자녀가 이렇게 마술을 배우면서 활용을 하게 되면 긍정적인 치유의 효과도 가질 수 있고 가족의 화목에도 일조할 수 있다.

마술을 아이들에게 보여 주면서 과학적 원리를 찾는 과정에서 칭찬과 격려를 아끼지 않는다면 아이들의 자존감이 향상되는 계기가 될 것이며 즐거움도 함께할 것이다. 아이와 함께 각각의 마술에 어울리는 스토리텔링을 만들고 활용한다면 친구 간의 소통은 물론, 사회활동에서도 다양하게 활용할 수 있다.

연출 영상

해법 영상

도구 구입

 **연출 멘트**

1) 안녕하세요. 오늘 보여 줄 신기한 마술은 멜트 카드 마술입니다.

2) 신기한 마술의 세계로 초대합니다.

3) 제가 오늘 들고 온 마술은 무엇일까요? 짜잔! 검정색 지갑입니다.

4) 이 세상에 하나뿐인 신기한 지갑입니다.

5) 이 안에는 어떤 것이 들었을까요?

6) 짜잔! 두 장의 카드가 들어 있습니다(재빨리 지갑을 열고 닫아 기억하게 하기).

7) 어떤 카드가 들어 있습니까? 보셨나요?

8) 맞아요. 바로 7 클로버와 7 다이아몬드입니다.

9) 이 카드 중 하나만 선택해 주세요?

10) 네, 7 다이아몬드를 선택하셨습니다.

11) 선택한 7 다이아몬드를 꺼내어 보겠습니다. 또한, 7 클로버도 함께 꺼내어 보겠습니다.

12) 두 장의 카드 겹치어 주변의 뜨거운 열기를 모아 오겠습니다.

13) 같이 주면을 외우며 모아 오겠습니다. 하나 둘 셋!

14) 신기하게도 주변의 뜨거운 열기로 7 다이아몬드가 7 클로버 뒷면에 복사되어 녹아내렸네요.

15) 와우! 너무 신기하죠!

16) 이 마술은 카드가 다른 카드에 복사되어 녹아내리는 마술이었습니다.

2

실렉트 카드 (Select Card) 마술

이 마술은 세 개의 모양이 그려진 카드 중 선택한 카드를 미리 예언하는 마술인데, 초등 방과후학교 과학 발명 마술 프로그램 개발 논문에도 발표가 된 바 있다. 마술사는 동그라미, 세모, 별이 각각 그려진 카드를 보여 주고, 아이에게 이 중 하나의 카드를 고르게 한다. 3장의 카드를 차례대로 보여 주면서, 각각의 카드 중 어떤 카드를 선택할지 물어본다.

아이는 마술사가 보여 주는 카드를 보고 자신이 원하는 모양이 그려진 카드를 선택하면 된다. 그리고 마술사는 아이가 선택한 카드를 미리 예언하여 알아맞힐 수 있다.

이 마술은 아주 쉽게 배울 수 있는 마술이며, 언제 어디서나 보여 줄 수 있는 장점이 있다.

또한 다양하게 나만의 스토리가 있는 카드로 변형하여 만들어 생활 속 발명 마술로 활용하면 더 재미있고 신기하게 보여 줄 수 있다.

새롭게 사귄 친구가 좋아하는 것을 알고 싶을 때나 학예회 발표에서 직접 스토리를 만들어 친구에게 보여 주면 인기 있는 좋은 마술이다. 이 마술은 연속해서 보여 줄 수 없고, 한 번만 보여 줄 수 있다는 단점 이 있기는 하지만, 가족이나 친구가 좋아하는 음식, 과일 등을 종이에 적어서 다양하게 응용하여 연출을 할 수 있다.

| 연출 영상 | 해법 영상 | 도구 구입 |

🐦 연출 멘트-1 (모양 카드)

1) 안녕하세요. 오늘 보여 줄 신기한 마술은 실렉트 카드 마술입니다.
2) 여러분을 신기한 마술의 세계로 초대합니다.

3) 실렉트(select)가 무슨 뜻일까요?

4) 네~ '무엇을 고른'이라는 뜻입니다. 오늘의 마술은 바로 카드를 고르는 마술입니다.

5) 여기 세 장의 카드가 있습니다. 과연 어떤 카드일까요?

6) 잘 모르신다고요. 힌트를 드릴게요. 바로 모양 카드입니다. 어떤 모양일까요? 한번 맞춰 보세요.

7) 맞아요. 동그라미/맞아요. 세모/맞아요. 별입니다.

8) 이 마술은 고른 카드를 미리 예언하는 마술입니다.

9) 이 세 장의 카드 중 어떤 모양의 카드를 선택하시겠습니까?

10) 별을 선택하셨습니다.

11) 저는 별을 선택하게 될 것이라는 걸 미리 알고 있었습니다. 좋아하는 사람은 그 마음을 너무나 잘 알지요(봉투 속 카드를 꺼내어 보여 준다).

12) 와우! 너무 신기하죠! 짝짝짝!

연출 멘트-2 (우리 가족이 좋아하는 음식 예언 실렉트 카드로 활용)

1) 안녕하세요. 오늘 보여 줄 신기한 마술은 음식 카드 마술입니다 (가족 구성원이 좋아하는 음식 메뉴들을 미리 준비).

2) 여러분을 신기한 마술의 세계로 초대합니다.

3) 실렉트(select)가 무슨 뜻일까요?

4) 예, '무엇을 고른'이라는 뜻입니다. 오늘의 마술은 바로 카드를 고르는 마술입니다.

5) 여기 세 장의 카드가 있습니다. 과연 어떤 카드일까요?

6) 잘 모르신다고요. 힌트를 드릴게요. 바로 음식 카드입니다. 어떤 음식일까요? 한번 맞춰 보세요.

7) 맞아요. 아빠가 좋아하는 카레라이스/맞아요. 엄마가 좋아하는 김치찌개/맞아요. 형이 좋아하는 삼겹살/동생이 좋아하는 불고기

8) 이 마술은 고른 카드를 미리 예언하는 마술입니다.

9) 이 세 장의 카드 중 어떤 음식의 카드를 선택하시겠습니까? (가족 구성원이 의논하여 오늘 먹을 저녁 메뉴를 정합니다.)

10) 불고기를 선택하셨습니다(이렇게 4장의 카드를 차례대로 보여 주고 나서).

11) 불고기를 선택할지 미리 알고 있었습니다. 좋아하는 사람은 그 마음을 너무나 잘 알지요(봉투 속 카드를 꺼내어 보여 준다).

12) 와우! 너무나 신기하죠. 짝짝짝!

3

컬러비전 (Color Vision) 마술

이 마술은 아이가 선택한 색깔을 알아맞히는 마술이다.

검정색 작은 상자 안에는 정육면체의 색깔 주사위가 있다. 마술사는 6가지 색깔을 보여 주고, 아이에게 한 가지 색깔을 고르게 한다. 그리고 아이가 고른 색깔의 면이 위로 올라오도록 검정색 상자 안에 넣고 뚜껑을 덮는다. 그리고 마술사는 오감을 이용하여 뚜껑을 열지 않고 아이가 선택한 색깔을 알아맞히는 마술이다.

이 마술은 6가지의 색깔을 활용하여 다양하게 응용해서 보여 줄 수 있고, 또 여러 번 보여 주어도 신기하고 재미있는 마술이다.

색깔 주사위의 각 면에 가족 구성원에 대한 것을 표시해서 추억으로 기억하고 싶을 때 이 마술을 추천한다. 예를 들면 가족들의 생일이나 좋아하는 음식 등을 각 면에 적어서 마술을 보여 준다면, 이 마술을 보여 주는 순간에는 언제나 가족이 중심이 되어 자연스레 가족 간의 친밀감을 유지하는 데 도움을 주게 되므로, 행복한 가족 만들기의 한 가지 방법이 될 수 있다.

학예회와 같이 무대에서 이 마술을 하기 위해서 크기가 큰 정육면체 상자를 이용하여 나만의 무대 마술 도구를 만드는 것도 좋은 응용방법이다. 친구들 사이에서도 인기 있는 친구가 되고 학교생활이 더 즐거워지는 계기가 되지 않을까 생각한다.

연출 영상   해법 영상   도구 구입

 연출 멘트-1 [색깔 맞히기 마술]

1) 안녕하세요. 오늘 보여 줄 신기한 마술은 컬러비전 마술입니다.

2) 여러분을 신기한 마술의 세계로 초대합니다.

3) 여기에 특별한 상자가 있습니다. 이 상자에는 무엇이 들었을까요?

4) 예, 꽥꽥! 오리요? 아니면, 야옹! 고양이요? 한번 알아맞혀 보세요. 바로바로 짜잔! 주사위입니다.

5) 색깔 주사위입니다.

6) 어떤 색깔이 있는지 6가지를 말해 볼까요?

7) 네. 맞아요. 빨강, 파랑, 노랑, 주황, 진분홍, 초록이 있습니다.

8) 오늘 기분을 색깔로 생각해 볼까요?

9) 오늘 기분의 색깔을 선택하여 그 색깔이 위로 오게 하여 뚜껑을 닫아 제게 주세요. 저는 보지 않겠습니다.

10) 마술사는 오감이 발달하였습니다. 오감은 무엇일까요? 코로 냄새 맡기, 입으로 맛보기, 손으로 느끼기, 귀로 소리 듣기, 눈으로 보기입니다. 오늘 오감으로 색깔을 알아맞혀 보겠습니다.

11) 먼저, 한번 만져 보겠습니다. 잘 모르겠네요.

12) 이번에는 냄새를 맡아 보겠습니다. 잘 모르겠네요.

13) 이번에는 눈으로 보지 않고 소리를 들어 보겠습니다. 잘 모르겠네요.

14) 텔레파시가 필요합니다. 얍! 바로 빨강입니다.

15) 와우! 너무 신기하죠. 짝짝짝!

연출 멘트-2
(응용마술 : 우리 가족 생일이나 기념일 맞히기)

1) 안녕하세요. 오늘 보여 줄 신기한 마술은 컬러비전 마술입니다.

2) 여러분을 신기한 마술의 세계로 초대합니다.

3) 여기에 특별한 상자가 있습니다. 이 상자에는 무엇이 들었을까요?

4) 한번 알아맞혀 보세요. 바로바로 짜잔! 생일 날짜 주사위입니다.

5) 누구의 생일 날짜가 있는지 6가지를 한번 볼까요?

6) 할아버지 생신 ○월 ○일, 할머니 생신 ○월 ○○일, 엄마 생신 ○
   월 ○○일, 아빠 생신 ○월 ○일, 형 생일 ○월 ○○일, 동생 생일
   ○월 ○○일이 있습니다.

7) 기억하고 싶은 생일을 하나 골라 그 날짜가 위로 오게 하여 뚜껑
   을 닫아 제게 주세요. 저는 보지 않겠습니다.

8) 마술사는 오감이 발달하였습니다. 오감은 무엇일까요? 코로 냄새
   맡기, 입으로 맛보기, 손으로 느끼기, 귀로 소리 듣기, 눈으로 보기
   입니다. 오늘 오감으로 색깔을 알아맞혀 보겠습니다.

9) 먼저 보지 않고 만져 보겠습니다. 잘 모르겠네요.

10) 이번에는 냄새를 맡아 보겠습니다. 잘 모르겠네요.

11) 이번에는 눈으로 보지 않고 소리를 들어 보겠습니다. 잘 모르겠
    네요.

12) 텔레파시가 필요합니다. 얍!

13) 아! 바로 아빠 생신 ○월 ○○일입니다.

14) 와우! 너무 신기하죠. 짝짝짝!

4

쓰리 몬테 (Stage Jumbo 333 Card) 마술

이 마술은 언제 어디서나 카드 마술을 보여 주고 싶을 때 처음 마술을 배운 지 얼마 되지 않은 초보 마술사도 쉽게 휴대하며 할 수 있는 카드 마술이다.

세 장의 카드 중 한 장의 카드가 눈앞에서 순식간에 변하는 카드 마술이다. 주변 사람들이 내가 마술을 배우고 있다는 것을 알게 되면 가장 많이 하는 말 중 하나가 바로 카드 마술을 할 줄 아느냐는 것이다.

이런 상황에서 이 카드 마술은 프로 마술사 못지않게 나의 마술 실력을 뽐낼 만큼 특별하고 신기한 마술이다.

아이에게 특별한 카드 마술을 보여 준다고 얘기하면서, 'A, 2, 3' 3장의 카드(카드의 종류는 각각 다를 수 있다)를 꺼내어 잘 포개어 잡는다.

오늘은 특별히 기억력 테스트 카드 마술을 한다고 한다. 어떤 카드가 어떤 위치에 있는지 상대방에게 보고 말하게 하여 기억력 테스트를 한다. 카드의 종류를 정확히 인지시킨 후 가운데 카드가 어떤 카드인지 기억하게 한 다음, 가운데 있는 카드를 아이에게 주어 테이블 위에 올려놓고 손으로 꼭 누르고 있게 한다. 카드를 덮고 있는 아이의 손에 마법의 주문을 걸면 어느새 '2 카드'가 'K 카드'로 바뀌게 된다. 이 마술을 본 아이는 너무 놀라 말을 잇지 못하게 된다.

대화가 많지 않은 가족 사이에서 부모님이 자녀에게 혹은 자녀가 다른 자녀에게 이런 마술을 보여 주면서 자연스럽게 대화가 늘어나고 즐거운 소통을 하게 된다면 더 화목한 가정이 되지 않을까 생각한다.

또한, 학교에 다니는 청소년 자녀가 부모에게 이 카드 마술을 배워 장기자랑 시간이나 학예회 발표 등을 위해 같은 반 친구들에게 보여 준다면 교실의 분위기도 한층 더 밝고 환해질 것이다. 이 마술 연출 시 카드를 잡는 방법을 주의하여야 하므로 반드시 카드를 잡는 방법에 유의하여 연출을 해야 한다.

그리고 이 마술은 사칙연산을 이용한 카드로 만들어서 활용한다면 덧셈이나 뺄셈, 나눗셈, 곱셈 등 사칙연산을 가르칠 때 즐겁게 수학 공부를 형이나 언니가 동생에게 가르칠 때 응용하여 연출을 할 수 있으므로 형제자매 간의 우애에도 큰 역할을 할 수 있다고 생각한다.

연출 영상

해법 영상

도구 구입

 ## 연출 멘트-1 (3 카드 몬테 / 333 카드)

1) 안녕하세요. 오늘 보여 줄 신기한 마술은 3 카드 몬테 마술입니다.

2) 여러분을 신기한 마술의 세계로 초대합니다.

3) 여기에는 세 장의 카드가 있습니다. 카드를 바로잡아서 보여 드리겠습니다. 어떤 카드가 있죠?

4) 예, A, 2, 3 카드가 있습니다. 색깔은 어떤 색깔인가요?

5) 예, 빨간색이네요. 다시 한번 정확히 잘 보세요. (카드 세 장을 다시 보여 주며) 어떤 위치에 어떤 카드가 있는지 기억력 테스트를 해 보겠습니다.

6) 먼저 A 카드가 어디 있는지 기억하셨죠? A 카드를 감추어 보겠습

니다. 한번 찾아보세요(카드 순서는 바뀌지 않고 카드 뒷면만 보여 주며 위, 아래 바꾸어 돌린다. 복잡하게 하지 않고 자연스레 움직인다).

7) 이쪽에 있으면 이쪽 손을 들어 주시고 저쪽에 있으면 저쪽 손을 들어 주세요(좌우 손을 들어서 A 카드 위치를 찾게 한다).

8) 예, 맞아요. 이쪽에 있네요. 와우! 정말 기억력이 좋으시네요.

9) 가운데는 어떤 카드가 있죠?

10) 예. 맞아요. 2 카드입니다.

11) 이번에는 2 카드를 숨길 테니 찾아보세요.

12) 이쪽에 있으면 이쪽 손을 들어 주시고 저쪽에 있으면 저쪽 손을 들어 주세요(좌우 손을 들어서 2 카드 위치를 찾게 한다).

13) 예, 맞아요. 이쪽에 있네요. 와우! 정말 기억력이 좋으시네요.

14) 그럼 제가 지금부터 세 장의 카드를 꺼내 볼게요. 어떤 카드를 꺼내죠?

15) 예. 맞아요. 2 카드입니다. 이 카드를 꼭 잡고 누르고 있으세요(누르고 있는 카드를 보지 않도록 한다).

16) 지금 테이블 위에 있는 카드가 무엇이죠? (다시 보지 않고 2 카드라는 것을 다시 물어보며 인지시킨다)

17) 이제부터 눈을 크게 뜨고 잘 보세요. 제가 2 카드를 꺼낼 거예요. 하나! 둘! 셋! 얍! 그리고 허공에 있는 다른 카드를 가져올 거예요. 착한 사람 눈에만 보이죠? 보이시죠? 저기에 있네요(2 카드

를 꺼내는 동작을 하며 허공에 날려 보낸다. 그리고, 허공에 다른 카드를 가져오는 동작을 취한다).

18) 하나 둘 셋!을 외치고 테이블위에 카드를 뒤집어 보세요. 같이 외쳐 볼까요? 하나 둘 셋! 얍

19) 와우! K 카드로 변했네요.

20) 와우! 너무 신기하죠. 짝짝짝!

21) 카드가 바뀌는 신기한 마술이었습니다.

연출 멘트-2 (응용마술 : 사칙연산 덧셈)

1) 안녕하세요. 오늘 보여 줄 신기한 마술은 쓰리 카드 몬테 마술입니다.

2) 여러분을 신기한 마술의 세계로 초대합니다.

3) 여기에는 세 장의 카드가 있습니다. 카드를 바로잡아서 보여 드리겠습니다. 어떤 카드가 있죠?

4) 예, 3, +, 5 카드가 있습니다.

5) 다시 한번 정확히 잘 보세요. (카드 세 장을 다시 보여 준다.) 어떤 위치에 어떤 카드가 있는지 기억력 테스트를 해 보겠습니다.

6) 먼저 3 카드가 어디 있는지 기억하셨죠? 3 카드를 감추어 보겠습니다. 한번 찾아보세요(카드 순서는 바뀌지 않고 카드 뒷면만 보여 주며 위, 아래 바꾸어 돌린다. 복잡하게 하지 않고 자연스레 움

직인다).

7) 이쪽에 있으면 이쪽 손을 들어 주시고 저쪽에 있으면 저쪽 손을 들어 주세요(좌우 손을 들어서 3 카드 위치를 찾게 한다).

8) 예, 맞아요. 이쪽에 있네요. 와우! 정말 기억력이 좋으시네요.

9) 가운데는 어떤 카드가 있죠?

10) 예, 맞아요. + 카드입니다.

11) 이번에는, + 카드를 숨길 테니 찾아보세요.

12) 이쪽에 있으면 이쪽 손을 들어 주시고 저쪽에 있으면 저쪽 손을 들어 주세요(좌우 손을 들어서, + 카드 위치를 찾게 한다).

13) 예, 맞아요. 이쪽에 있네요. 와우! 정말 기억력이 좋으시네요.

14) 그럼 제가 지금부터 세 장의 카드를 꺼내 볼게요. 어떤 카드를 꺼내죠?

15) 예. 맞아요. + 카드입니다. 이 카드를 꼭 잡고 누르고 있으세요 (누르고 있는 카드를 보지 않도록 한다).

16) 지금 테이블 위에 있는 카드가 무엇이죠? (다시 보지 않고, + 카드라는 것을 다시 물어보며 인지시킨다.)

17) 이제부터 눈을 크게 뜨고 잘 보세요. 제가, + 카드를 꺼낼 거예요. 하나! 둘! 셋! 얍! 그리고 허공에 있는 다른 카드를 가져올 거예요. 착한 사람 눈에만 보이죠? 보이시죠? 저기에 있네요(+ 카드를 꺼내는 동작을 하며 허공에 날려 보낸다. 그리고, 허공에 다른 카드를 가져오는 동작을 취한다).

18) 오늘의 주문인 하나 둘 셋!을 외치고 테이블 위에 카드를 뒤집어 보세요. 같이 외쳐 볼까요? 하나 둘 셋! 얍

19) 와우! 3 더하기 5인 8로 변했네요.

20) 와우! 너무 신기하죠. 짝짝짝!

21) 이 마술은 카드가 바뀌는 신기한 마술이었습니다.

연출 멘트-3 (응용마술 : 가족의 행복을 위한 조건)

1) 안녕하세요. 오늘 보여 줄 신기한 마술은 쓰리 몬테 카드 마술입니다.

2) 여러분을 신기한 마술의 세계로 초대합니다.

3) 여기에는 세 장의 카드가 있습니다. 카드를 바로잡아서 보여 드리겠습니다. 어떤 카드가 있죠?

4) 예, 가족에게서 필요한 세 장의 낱말 카드입니다. 한번 읽어 볼까요?

5) 예, 배려, 존중, 믿음 카드 세 장입니다.

6) 먼저 배려 카드가 어디 있는지 기억하셨죠? 배려 카드를 감추어 보겠습니다. 한번 찾아보세요(카드 순서는 바뀌지 않고 카드 뒷면만 보여 주며 위, 아래 바꾸어 돌린다. 복잡하게 하지 않고 자연스레 움직인다).

7) 이쪽에 있으면 이쪽 손을 들어 주시고 저쪽에 있으면 저쪽 손을 들어 주세요(좌우 손을 들어서 배려 카드 위치를 찾게 한다).

8) 예, 맞아요. 이쪽에 있네요. 와우! 정말 기억력이 좋으시네요.

9) 가운데는 어떤 카드가 있죠?

10) 예. 맞아요. 존중 카드입니다.

11) 이번에는 존중 카드를 숨길 테니 찾아보세요.

12) 이쪽에 있으면 이쪽 손을 들어 주시고 저쪽에 있으면 저쪽 손을 들어 주세요(좌우 손을 들어서 존중 카드 위치를 찾게 한다).

13) 예, 맞아요. 이쪽에 있네요. 와우! 정말 기억력이 좋으시네요.

14) 그럼 제가 지금부터 세 장의 카드를 꺼내 볼게요. 어떤 카드를 꺼내죠?

15) 예, 맞아요. 존중 카드입니다. 이 카드를 꼭 잡고 누르고 있으세요(누르고 있는 카드를 보지 않도록 한다).

16) 지금 테이블 위에 있는 카드가 무엇이죠? (다시 보지 않고 존중 카드라는 것을 다시 물어보며 인지시킨다.)

17) 이제부터 눈을 크게 뜨고 잘 보세요. 신기하게도 가족에게서 가장 중요한 것으로 변하게 될 거예요.

18) 다시 한번 오늘의 주문인 하나 둘 셋!을 외치고 테이블 위에 카드를 뒤집어 보세요. 같이 외쳐 볼까요? 하나 둘 셋! 얍

19) 와우! 사랑 카드로 변했네요.

20) 와우! 너무 신기하죠. 짝짝짝!

21) 이 마술은 가족에게 가장 중요한 사랑 카드로 바뀌는 신기한 마술이었습니다.

5

미움이 사랑으로 변하는 카드
(Hate change love) 마술

학교에서 돌아온 아이가 특별한 이유도 없이 말도 하지 않고 화가 나 있다면, 이 마술을 보여 주자. 아이의 얼굴에 미소가 생기고 즐거워지는 시간을 만들 수 있다. 이 마술의 변화처럼 부정적인 분위기에서도 늘 긍정적인 마음을 가진 한 사람이 있다면 우리 사회는 모두 긍정적인 변화를 이루어 내리라 믿는다.

이 마술은 4장의 미움 카드에 사랑의 카드를 갖다 대면 신기하게도 모두 사랑 카드로 변하는 마술이다.

먼저 5장의 카드를 준비한 후 마술사는 4장의 찡그린 얼굴의 카드와 사랑의 카드 1장을 보여 준다. 사랑의 카드를 화난 카드 앞에 두고 사랑의 카드 뒤에 있는 찡그린 카드 한 장을 뺀다. 마술사는 아이에게 마법의 주문을 걸게 한다. 그리고 펼친 카드를 접어서 다시 주문을 걸고 나서 카드를 펼치면 놀랍게도 모두 사랑의 카드로 변한다.

이 마술은 자녀가 4장의 카드가 같은 카드라는 것임을 의심하지 않도록 자연스럽게 보여 주는 연출이 중요하다. 또한, 마술사가 아이에게 보여 줄 때나, 아이가 친구에게 연출할 때도 위아래 카드 전체를 보여 주고 있다는 것을 자연스럽게 믿음을 줄 수 있게 주의하는 것이 포인트이다.

이 마술은 남녀노소 누구나 쉽게 할 수 있을 정도로 쉽기 때문에, 다양한 방법으로 나만의 발명 마술 도구를 만들어 스토리텔링을 입힌다면 가족 간의 관계개선과 회복뿐만 아니라 친구 사귀기로 접근한다면 큰 변화를 기대할 수 있을 것이다.

연출 영상

해법 영상

도구 구입

 **연출 멘트**

1) 안녕하세요. 오늘 보여 줄 신기한 마술은 미움이 사랑으로 변하는 마술입니다.

2) 여러분을 신기한 마술의 세계로 초대합니다.

3) 여기에는 4장의 미움 얼굴 카드와 1장의 사랑의 카드가 있습니다.

4) 요즘 마음껏 뛰어놀지도 못하고 힘들죠? 이렇게 찡그린 얼굴로 변하겠죠. 하지만, 마음속으로 기분 좋았던 행복했던 생각들을 기억해 볼까요? 음! 그리고 마음속에 있는 화난 마음을 날려 보내세요 (사랑의 카드를 화난 카드 앞에 두고 사랑의 카드 뒤에 있는 찡그린 카드 한 장을 빼낸다).

5) 행복했던 기운을 모아 (허공에서 기운을 모으는 손짓을 한다) 주문을 외워 볼까요? 하나! 둘! 셋!이라고 외쳐 주세요.

6) 하나! 둘! 셋!

7) 와우! 너무 신기하게도 모두 행복한 사랑의 카드 마음으로 변했네요.

8) 와우! 너무 신기하죠. 짝짝짝!

9) 오늘 행복한 하루를 위해 파이팅!

6

아쿠아슬러쉬 (Aqua Slush Powder) 마술

마술은 과학이고 발명이다. 과학의 원리를 이용하여 물체가 가진 성질을 바꾸는 마술 같은 일이 일어나게 해 보면 어떨까? 아이들의 왕성한 호기심과 창의력을 이용하여 마술의 비밀과 원리를 찾아가면서 배우는 과정은 매우 흥미롭다.

이 아쿠아 슬러쉬 마술은 마술사가 컵에 물을 붓고 마술을 걸면 신기하게도 순식간에 물이 사라지는 마술이다. 이 마술의 원리를 이해하면 다양하게 응용하여 색다른 마술로 보여 줄 수 있다. 신문지를 깔대기 모양으로 만들어 물을 부었더니 물이 사라지고 대신 종이 가루나 종이 롤이 나타나는 마술도 같은 원리를 사용한다.

　이 책에서 소개하는 연출 방법은, 세 개의 컵을 준비하고, 하나의 컵에 물을 붓는다. 그리고 컵의 위치를 빠르게 바꾸는 것을 보여 주고 나서 물을 부어 놓은 컵을 찾아보라고 한다. 하지만 세 개의 컵 모두 컵을 뒤집었을 때 물이 흘러내리지 않고 사라지는 마술이다.

　이 마술의 장점은 부모가 자녀에게 가장 쉽게 보여 주고 가르쳐 줄 수 있다는 것이며, 과학적 원리를 직접 눈앞에서 볼 수 있어서 좋은 과학 마술이라는 것이다.

　이 마술은 사전 세팅이 중요한 마술이며, 세팅이 되어 있지 않은 것처럼 자연스럽게 보여 주는 것이 중요하다.

연출 영상

해법 영상

도구 구입

연출 멘트

1) 안녕하세요. 오늘 보여 줄 신기한 마술은 물이 사라지는 마술입니다.

2) 여러분을 신기한 마술의 세계로 초대합니다.

3) 여기에는 3개의 컵이 있어요. 3개의 컵에는 아무것도 없어요.

4) 이 중 하나의 컵에 물을 부어 보겠습니다. 어느 컵에 물이 들어가는지 잘 보셨죠?

5) 이제부터 컵을 옮길 거예요. 물이 들어 있는 컵을 찾아보세요.

6) 마술사의 손은 굉장히 빠릅니다(일부러 천천히 자연스럽게 물이 들어 있는 컵을 찾을 수 있게 한다).

7) 어느 컵에 물이 들어 있을까요?

8) 와우! 맞아요. 이번에 다시 물을 다른 컵에 부어 볼게요. 잘 보세요.

9) 마술사의 손은 굉장히 빠릅니다(이번에는 좀 더 빨리 움직여서 옮긴다).

10) 어디에 물이 들어 있을까요?

11) 여기요. 물이 없네요(놀라는 표정을 지으며).

12) 그럼, 어디에 있을까요? 여기요. 여기에도 없네요.

13) 그래요. 드디어 여기군요(모르는 척 종이컵을 뒤집어 준다).

14) 물은 과연 어디로 갔을까요? 바로 저기일까요? (위를 가리키며 말한다.)

15) 와우! 너무 신기하죠. 짝짝짝! 이상 물이 사라지는 마술이었습니다.

7

꽃과 스카프 (Flower & Scarf) 마술

이 마술은 검정 스카프에서 순식간에 아름다운 꽃이 나타나는 마술이다.

우리의 자녀가 무대에서 여러 사람들 앞에서 마술을 보여 줄 수 있는 기회가 생겼다면, 이 마술을 적극 추천한다. 마술의 현상과 비주얼, 효과 면에서 쉽게 따라 배울 수 있으면서 관객의 호응도와 신비감을 줄 수 있는 최고의 마술이다. 이제 막 마술을 배우기 시작한 이들에게 가장 추천하는 마술이기도 하다.

무대 마술은 음악에 맞추어 연출하면 훨씬 더 관객의 호응도가 높다.

특별히 우리 아이들이 좋아하는 음악을 선택하여 연출한다면 더 멋지고 즐겁게 연출할 수 있고, 반복되는 연습 속에 마술이 완성되는 순간 성취감과 행복감에 벅차오르는 감정을 느낄 수도 있다. 장소와 대상에 적합한 음악을 함께 고르는 것도 자녀와의 소통에 좋은 방법 중 하나이다. 특별히 무대에 서는 만큼, 마술사처럼 느껴지는 의상과 소품을 활용한다면, 더 멋진 연출을 해낼 수 있다.

이 마술의 시선과 각도에 따라 연출에 제한을 받을 수 있으니 마술의 비밀이 노출되지 않도록 주의해야 한다. 기본적으로 이 마술은 한 장의 스카프와 2개의 꽃을 사용하는데, 꽃의 개수를 추가한다면 더욱더 풍성하고 신기한 마술이 될 것이다.

연출 영상

해법 영상

도구 구입

 **연출 멘트**

1) 신기한 스카프를 한 장 들고 왔습니다.

2) 여러분을 신기한 마술의 세계로 초대합니다.

3) 여기에는 아무것도 없는 스카프가 있습니다(공중에서 스카프가 자연스럽게 움직일 수 있게 흔들면서 앞뒤로 보여 준다).

4) 하나! 둘! 셋! 외치면 하나 둘 셋! 외쳐 주십시오.

5) 하나! 둘! 셋! (마술사가 외친다) 하나 둘 셋! (다같이)

6) 와우! 꽃입니다. 너무 신기하죠.

7) 여기에는 아무것도 없는 스카프가 있습니다(또다시 반복하여 공중에서 스카프가 자연스럽게 움직일 수 있게 흔들면서 앞뒤로 보여 준다).

8) 하나! 둘! 셋! (마술사가 외친다.) 쑹구리당당! 쑹당당! (다같이)

9) 와우! 꽃입니다. 너무 신기하죠.

10) 와우! 너무 신기하죠. 짝짝짝! 이상 꽃과 스카프 마술이었습니다.

발명 마술

우리 아이들의 교육은 시대의 흐름에 맞게 요구하는 방향으로 성장
시키기 위해 많은 노력을 기울여 왔다. 창의적으로 문제를 해결하기
위한 혁신적인 인재 양성을 요구하는 4차 산업혁명 시대정신이 반영된
미래지향적 교육이 주를 이루고 있다. 그 시대에 창의적 방법으로 아
이들을 노출시키기 위한 부모님들의 노력과 관심 속에 과거 지향적 교
육에서 탈피하여 창의력 신장을 위해서는 발명 교육의 중요성이 강조
되고 있다는 것을 의미한다.

특히 가정에서 아이들의 학습 습관을 증대시키기 위해 마술을 활용
하여 흥미와 호기심을 증대시킬 수 있으며, 또한 발명의 사전적인 의미
를 논문 발표에서 살펴보면, 어떤 물건 또는 방법을 새로 만들고 고안
해 내는 것이라고 되어 있다(이희승, 1994). 발명은 마음속에 있는 추
상적 생각을 구체화해서 새로운 물건이나 방법을 만들 수 있는 아이디
어를 장착하는 인간의 정신적인 활동이며(엄무용, 2010). 관련 특허법
에는 '발명이란 자연법칙을 이용한 기술적 사상의 창작으로서 고도의
것'이라 규정되어 있다(특허청 외, 2001).

실제로 발명은 반복·재현 가능성이 분명해야 하며, 산업 현장에서 이용되는 기술의 수준 및 정도의 현실성이 분명해야 한다는 점을 볼 수 있다. 발명은 각 분야의 현실적 부분에 필요한 현장 부분의 창의력과 탐구 정신으로 불편한 부분을 아이디어 바탕으로 현장을 편리함으로 만드는 과정의 개념이라고 볼 수 있다. 결국은 발명이 가져다주는 효과성이 무궁무진하다는 것을 알 수 있고, 이에 누구나 쉽고 재미있게 접할 수 있는 마술이라는 매개체로 다양한 창의적 활동 놀이에도 쉽게 융합할 수 있으며 언제라도 해 볼 수 있다는 장점이 있다. 이동규(2001)는 일상에서 쉽게 접하는 내용을 바탕으로 이루어지는 과학적 속임수를 과학 마술로 정의하였으며, 이에 본인의 2021년 초등 방과후 학교 과학발명 마술 프로그램 개발 논문에서는 과학 마술의 광의의 의미로 과학발명 마술이라 정의하였다.

Bruner(1960)는 기초적인 학습일수록 새로운 문제에 대한 적용성의 범위는 점점 더 확장되어 발명 기법을 학습하는 데 파급효과가 높고, TRIZ 기법과 발명 십계명 기법의 중심으로 발명 아이디어를 주변에서 쉽게 얻을 수 있는 생활 속 주변 도구들을 재활용하거나 저렴한 생활 도구를 활용한다면 쉽고 재미있는 발명 마술 도구를 만들 수 있다.

예를 들면 종이를 이용한 종이접기 발명 마술 혹은 우유팩을 이용한 발명 마술 도구, 도화지나 A4 용지를 이용한 과학발명 마술 도구 등을 이용할 수 있으며, 또한 재료를 쉽게 구할 수 없을 경우 비슷한 재료를 대체할 수 있는가를 자녀 스스로가 선택할 수 있도록 하고 문제를 스스로 파악하는 과정을 이끌어 현장에서 발명교육 시간을 늘려 창의력과 문제해결력을 향상시키기 위한 기회를 제공한다. 결국 가장 중요한 선택은 부모님과 자녀가 함께 여러 가지 창의적 과정을 통해 기존의 마술 도구를 통해 좀 더 발명의 원리를 추가하여 발명 마술 도구 만들기를 적극 추천한다.

예를 들어 기존의 모양 실렉트(select) 카드 마술 도구를 활용하여 가족 구성원의 좋아하는 음식 실렉트(select) 카드 마술 도구를 발명의 원리를 이용하여 만들어 보는 기회를 가진다면 우리 가족도 발명 마술사가 될 수 있다. 아래의 예시는 받침 글자가 많이 틀리는 받침을 재미있는 발명 마술 도구 만들기를 통해 자연스럽게 익히는 발명 마술 도구 만들기의 예시이다. 5장은 받침이 들어 있는 단어이고 5장은 틀리기 쉬운 받침만 적혀 있다. 가르기를 통한 아무리 섞어도 받침 글자가 맞추어지는 발명 마술 도구이다.

독자 여러분들도 자녀와 함께 발명 마술사가 된다면 멋진 새로운 가족의 행복한 문화 만들기가 되리라 확신한다.

섞여 있던 카드의 이중 받침이 들어가는 글자가 맞추어지는 발명 마술
(스케치북 표지를 이용한 발명 마술 도구)

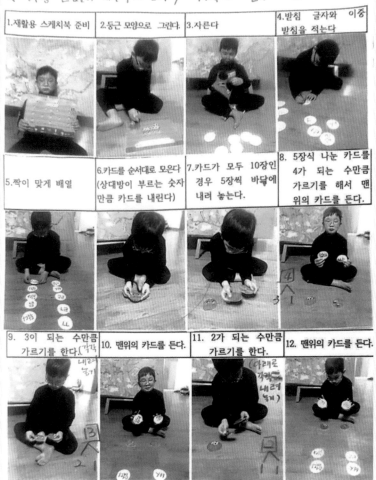

〈 이중 받침놀이 마술카드 놀이 〉 - 제작과 놀이 방법

1.재활용 스케치북 준비	2.둥근 모양으로 그린다.	3.자른다	4.받침 글자와 이중 받침을 적는다
5.짝이 맞게 배열	6.카드를 순서대로 모은다 (상대방이 부르는 숫자만큼 카드를 내린다)	7.카드가 모두 10장인 경우 5장씩 바닥에 내려 놓는다.	8. 5장식 나눈 카드를 4가 되는 수만큼 가르기를 해서 맨 위의 카드를 든다.
9. 3이 되는 수만큼 가르기를 한다.	10. 맨위의 카드를 든다.	11. 2가 되는 수만큼 가르기를 한다.	12. 맨위의 카드를 든다.

| 13. 1이 되는 수 만큼 가르기를 한다.(빼다 가르기) | 14. 맨위의 카드를 든다. | 15. 모두 짝을 찾는 이중 받침 마술카드 놀이 | 16. 완성(앞면) | 17. 완성(뒷면) |

(출처 : 강혜원 2022년 초등 방과후학교 과학발명 마술 프로그램 개발 논문)

발명 십계명 원리

1	더하라	6	반대로 하라
2	빼라	7	모양을 바꿔라
3	아이디어를 빌려라	8	재료를 바꿔라
4	용도를 바꿔라	9	재활용하라
5	크기를 바꿔라	10	불가능은 버려라

(출처: 권차미 · 최준섭, 2007; 118 /

강혜원 2021년 초등 방과후학교 과학발명 마술 프로그램 개발 논문)

고삼식

마술이란 어떤 것일까? 20여 년간 마술공연을 하면서 신기함과 즐거움을 주는 것이 최고라고 생각하면서 마술을 관객들에게 보여 주었다. 2006년 옥포복지관에서 해리포터 마술학교로 마술 교육을 시작하였을 때도 마찬가지 신기함과 즐거움이 최우선이었다.

그리고 초등학교, 중학교 방과후 마술수업을 진행하면서 생각들이 조금씩 바뀌어 갔다. 교육마술, 과학마술로 아이들에게 좀더 교육적으로 도움이 되는 방법들과 도구들을 사용해 보았고 고민도 하였다.
그리고 16여 년간 마술교육을 하면서 지금의 생각은 공연을 하든지 교육마술을 하든지, 과학마술을 하든지 마술에서 중요한 것은 소통이었다.

마술을 할 때도 관객과의 소통이 잘되는 날은 멋진 공연이 나왔고 아이들과 함께하는 수업시간에도 아이들과 소통이 잘되면 즐거운 마술 수업 시간이 되었다. 배운 마술을 아이들이 집에 가서 아빠와 엄마에게 보여 주고 왔을 때는 아이들이 자기 경험을 이야기하느라 수다쟁이가 된다.

마술이 즐거운 이유는 신기함에 눈이 즐거운 이유도 있지만 서로 간 대화를 통해서 소통을 시켜 준다는 것이다.

"친구들 마술이 뭐라고 생각해?" 마술공연이나 마술 강의를 갔을 때 항상 내가 하는 질문이다. "마술은 비밀이야. 마술사는 여러분이 모르는 비밀을 가지고 연기를 하는 공연자란다. 그리고 마술은 남들을 즐겁게 해 주기 때문에 '세상에서 가장 아름다운 비밀'이야."

그 비밀을 이 책을 통해서 아빠가, 엄마가, 아이가 배워서 보여 줌으로써 즐거운 소통을 시작해 보자. 남녀노소 모두가 좋아하는 마술을 이용해서 우리 아이들과의 부족한 소통의 시간을 지금부터 채워 나가 보자.

1

색깔 바뀌는 공 (Color Change Ball) 마술

이 마술은 상자 안에 파란색 공을 넣으면 빨간색 공으로 색깔이 바뀌어 나오는 신기한 마술이다.

아이에게 파란색 공을 확인시켜 주고 그 공을 작은 상자 안에 넣고 큰 상자에 밀어 넣어 준다. 마술사가 주문을 외치고 상자를 다시 열어 주면 파란색 공이 빨간색 공으로 바뀌어 나온다. 다시 한번 바뀐 빨간색 공을 작은 상자에 넣고 큰 상자에 밀어 넣어준다. 이번에는 아이에게 주문을 외치게 한다. 와우~ 신기하게도 파란색의 원래 공으로 바뀌어 나온다.

이 마술은 눈앞에서 색깔이 바뀌는 놀라운 마술이다. 그리고 아주 쉽게 따라 배울 수 있고 공도 확인시켜 줄 수 있다. 이 상자를 이용해서 공 대신에 사탕, 초콜릿, 소원 쪽지, 동전이나 지폐로 바뀌게 할 수도 있어서, 아주 다양하게 사용할 수 있는 것이 장점이다.

나는 아이가 유치원에 다닐 때, 아이의 친구들 생일선물로 이 마술 도구를 포장해 주고는 했는데, 매번 선물을 받은 아이들의 반응이 좋았다.

그리고 이 상자를 아이들과 퀴즈 맞히기에 사용해 보자. 쪽지 2개를 준비해서 하나의 쪽지는 문제를 하나의 쪽지는 답을 적어서 문제를 내고 쪽지를 넣으면 답으로 바뀌는 것으로 해서 자기가 알고 있는 (넌센스) 퀴즈 내기, 마음 표현하기를 진행한다. 글쓰기도 하고 문제를 내면서 자연스럽게 가족 간의 대화가 이어지고 웃음 가득한 시간을 가질 수 있다.

연출 영상

해법 영상

도구 구입

연출 멘트-1

1) 철수야, 마술 하나 보여 줄까?

2) 상자 안에 뭐가 있는지 볼까?

3) 파란색 공이 들어 있네. 한번 만져 볼래?

4) 자 그러면 작은 상자에 다시 넣어 주고 큰 상자에 밀어 넣어 줄게.

5) 하나, 둘, 셋! 주문을 외치고 상자를 열어 볼게.

6) 신기하게도 공의 색깔이 빨간색으로 바뀌어 있네.

7) 자, 공 확인해 볼래? 그리고 철수가 직접 공을 상자에 넣어 줄래?

8) 이번에는 철수가 주문을 외쳐 볼래? 하나, 둘, 셋!

9) 와우~ 빨간색 공이 다시 원래의 파란색 공으로 돌아왔네!!

10) 신기하지?

11) 어떻게 했을까? 한번 배워 볼까?

연출 멘트-2

1) 여기에 차가 한 대 있네요.

2) 안쪽에 누가 있을까?

3) 여기에 파란색 운전사가 있네요.

4) 자~ 자동차 출발합니다.

5) 동네 한 바퀴 돌아서 다시 집으로 돌아왔네요.

6) 집에 들어오면 어떻게 해야 하나요?

7) 손도 잘 씻고 옷을 갈아입어야겠지요.

8) 차 안을 열어 보면 운전사가 빨간색 옷으로 바꾸어 입고 있습니다.

2

원형 주사위 통 마술

이 마술은 원형 통 안에 있는 주사위를 흔들어서 섞은 후에 주사위의 숫자가 무엇인지 마음의 눈으로 알아맞힐 수도 있고 미리 나올 주사위의 숫자를 예언할 수 있는 아주 놀라운 마술이다.

아이에게 원형 통과 주사위 2개를 이상이 없는지 확인시켜 준다. 그리고 큰 원형 통 안에 주사위 두 개를 넣고 작은 원형 통으로 덮어 준다. 원형 통을 잘 잡고 위아래로 한번 흔들어 준다. 원형 통을 손바닥에 올리고 두 개의 주사위 숫자(위쪽 방향)를 마음의 눈을 통해서 알아맞힐 거라고 이야기하고 상자를 투시하면서 두 숫자를 말한다. 원형 뚜껑을 열어서 확인하면 신기하게도 주사위의 숫자가 마술사가 말한 숫자와 일치한다.

이번에는 주사위 통을 흔들기 전에 미리 나올 두 숫자를 예언한다. 예를 들어, 2와 3이 나올 거라고 예언을 하고 뚜껑을 닫고 원형 통을 한 번 흔들어서 섞어 준다. 원형 통을 열어서 주사위를 확인하면 놀랍게도 미리 나올 거라고 예언한 숫자 2와 3이 나온다.

어떻게 흔들어서 섞인 통 안의 숫자를 투시로 알아맞히고 나올 숫자를 미리 예언할 수 있을까? 원리를 모르면 절대로 알 수 없다.

이 마술의 장점은 아이들이랑 '주사위 알아맞히기', '높은 숫자 나오기' 등의 주사위 게임을 하면서 자연스럽게 아이들과 대화를 할 수 있으며 주사위 게임 끝부분에 자연스럽게 마술을 보여 줄 수 있다는 것이다.

주사위 2개로 하는 연출이 어렵다면 주사위 1개로 연출하면 쉽게 할 수 있다.

자, 지금부터 주사위 게임을 아이들과 시작하자. 그리고 마음의 눈을 빌려서 아이들과 대화를 해 보자.

연출 영상　　　　해법 영상　　　　도구 구입

 연출 멘트-1 (마음의 눈으로 알아맞히기)

1) 철수야, 주사위 게임 한 번 할까?

　흔들어서 윗면 주사위 숫자 알아맞히기 게임이야.

2) 잠시만 게임하기 전에 마음의 눈을 이용한 마술 하나 보여 줄게.

3) 빨간색 원통 안에 주사위를 넣고 흔들어 주면 주사위의 숫자가

　바뀌게 되는데 지금부터 마음의 눈을 통해서 그 숫자를 알아맞혀

　볼게.

4) 자 뚜껑을 닫고 한 번 흔들어 주고

5) 자 주사위의 위쪽 면 숫자가 뭘까?

6) 철수는 5, 6. 나는 마음의 눈으로 볼게. 음 2, 3.

7) 무슨 숫자일까? 한 번 열어 확인해 볼까?

8) 2, 3이 나왔네. 알아맞혔다.

1) 철수야, 마술 하나 보여 줄까?

2) 미래의 일을 미리 예측하는 예언 마술을 하나 보여 줄게.

3) 빨간색 원통 안에 주사위를 넣고 흔들어 주면 주사위의 숫자가 바뀌게 되는데 지금부터 어떤 숫자가 나올지 미리 예언해 볼게.

4) 여기 종이에 나올 숫자(1, 6)를 미리 적어 둘게.

5) 자, 뚜껑을 닫고 주사위 통을 한번 흔들어 주고 통을 열어서 숫자를 확인해 보면

6) 1, 6이네.

7) 미리 예언해 놓은 종이를 확인해 볼까?

8) 와우 1, 6이네. 나온 숫자와 같네. 신기하지?

TIP

이 마술에서 좀 더 어려운 연출은 주사위의 구성을 알면 된다. 주사위는 6면으로 이루어져 있고 양쪽 면의 합이 7로 되어 있다. 즉, 1의 반대편의 면은 6이며, 2의 반대편의 면은 5, 3의 반대편의 면은 4이다. 이것을 이용하여 보이지 않는 반대편 면의 숫자를 알 수 있다. 이것을 이 마술에 응용하면 좀 더 어려운 연출을 할 수 있습니다. 즉, 두 번을 위아래로 흔들게 되면 아래쪽의 숫자가 위로 올라오게 된다.

사라지는 별 (Vanishing Star) 마술

이 마술은 별나라의 아빠별, 엄마별, 아기별들이 지구에 놀러 왔다가 우주선을 타고 별나라로 사라지는 재미있는 이야기 마술이다.

이야기를 좋아하는 아이들이나 심심해하는 아이들에게 동화 같은 이야기를 들려주면서 마지막에 별들이 모두 사라지는 신기한 마술을 할 수 있다.

지구와 별나라가 적힌 종이가 있고 안이 다 보이는 투명한 로켓이 하나 있다. 아빠별과 엄마별이 지구에 있는 대한민국에 놀러 와서 아기별들을 낳아서 행복하게 살다가 지구를 떠나서 별나라로 돌아가려고 한다. 누리호(누리호-한국형발사체)를 타고 떠나려고 한다. 별 가족이 모두 탄 누리호를 별나라가 적힌 종이에 돌돌 말아서 발사대에서 3, 2, 1, 발사하게 된다. 슝~ 누리호는 성공적으로 우주로 발사되고 별 가족을 별나라에 데려다준 후 다시 무사히 우리나라에 도착하게 된다. 누리호를 돌돌 말았던 종이를 펼치면 별 가족은 모두 사라지고 비어 있는 투명한 누리호만 남아 있다. 별 가족들은 모두 잘 도착했을까? 오늘 밤 하늘을 보면 아마 반짝이는 별 가족들을 볼 수 있을 것이다.

이 마술은 한 편의 동화를 들려주는 마술이다. 상황에 따라 내용을 바꾸고 꾸며서 아빠, 엄마의 연기를 넣어 주면 아이들은 집중하게 되고 마술을 알려 준 후에 아이들에게 이야기를 꾸며서 들려달라고 해 보자. 황당하지만 재미있고 즐거운 이야기들이 넘쳐 날 것이다. 아이들이 무슨 이야기를 하든지 아이들의 상상력에 박수와 호응을 많이 해 주자.

연출 영상   해법 영상   도구 구입

연출 멘트

1) 영희야~ 오늘은 재미있는 이야기 하나 해 줄게.

2) 밤하늘에는 뭐가 있을까? 해, 달, 별, 우주선….

3) 그래 맞아. 오늘은 하늘에 있는 별 이야기를 해 줄게.

4) 여기 보면 별나라의 노란색 아빠별이랑 엄마별이 있단다. 아빠별, 엄마별은 여행을 좋아한단다. 어느 날 지구를 구경하다가 지구가 너무 아름다워서 좀 더 가까이 보고 싶어서 왔다가 그만 지구의 중력에 이끌려서 우리나라 대한민국에 떨어져 버렸어. 아무도 보지 않을 때 별나라로 돌아가고 싶었는데 아이들이 낮에는 공부한다고 잠을 안 자고 밤에는 게임한다고 잠을 안 자네. (게임 시간 조금 줄이자) 그래서 별나라로 갈 수가 없었단다. 1년, 2년, 3년, 4년이 지났단다. 별이 어떻게 되었을까?

5) 와우 아기별 4명이 태어나서 가족이 늘어났단다.

6) 이제 아기별들을 데리고 별나라로 돌아가야 했는데 아이들이 4명이라서 우주선이 필요했어.

7) 별 가족들은 한국에 있는 누리호를 타고 별나라로 돌아가기로 했어.

8) 엄마별, 큰형, 작은형, 셋째, 막내, 그리고 아빠가 누리호에 타고 (투명한 로켓 모양 통에 스펀지 별을 넣어 준다.) 우주로 출발했어. 별 가족들은 무사히 별나라에 도착하고 누리호도 안전하게 다시 우리나라로 되돌아왔단다(별 가족은 모두 사라지고 로켓 통만

남아 있다).

9) 별 가족을 보고 싶니? 그러면 오늘 저녁에 밤하늘에 반짝거리는 별 가족을 찾아볼까?

TIP

투명한 로켓은 가끔씩 충격으로 깨지는 경우가 있으므로 바닥에 떨어지지 않게 주의하자.

4

이중 딤블 [Thimble] 마술

이 마술은 오른쪽에 있는 딤블(골무)이 왼쪽으로 순식간에 이동하고 사라지고 나타나는 재미있는 마술이다. 〈산토끼〉 노래와 함께 율동을 하면서 더 재미있게 연출을 할 수도 있다.

딤블 하나를 보여 주고 오른쪽 엄지에 끼우고 〈산토끼〉 노래에 맞춰서 율동을 한다. 딤블이 오른쪽에서 왼쪽으로 하나에서 두 개로 바뀌고 마지막에 다시 하나로 바뀌게 된다.

이 마술은 도구 크기가 작아서 쉽게 호주머니에 넣어 다니면서 할 수 있으며 아이들에게 확인도 시켜 줄 수 있다. 딤블이 없을 때는 딱풀 뚜껑을 이용해도 되고 율동만 조금 익혀 놓으면 어디에서든 할 수 있는 실용적이고 멋진 마술이다. 〈산토끼〉 노래는 천천히 불러야 율동을 맞출 수가 있다. 1절만 연습해도 되고 2절까지 연습해도 된다.

자 충분한 연습이 되었다면, 〈산토끼〉 노래를 가족들이 함께 부르면서 이 마술을 보여 주자.

연출 영상

해법 영상

도구 구입 1

도구 구입 2

연출 멘트-1 (〈산토끼〉 율동 마술)

1) 철수야, 영희야~ 〈산토끼〉 노래 알지?

2) 아빠랑 같이 한 번만 불러 볼래?

3) 여기에 길쭉한 알밤(딤블)이 하나 있다.

4) 자~ 노래 시작. (노래는 율동에 맞춰서 느리게 부른다.)

5) 산~토끼, 토끼야~ (목뒤로 사라지고 나타나기)

　어~디를 가느냐. (겨드랑이로 사라지고 나타나기)

　깡총 깡총 뛰면서~ (왼손에서 오른손으로 이동하기)

　어~디를 가느냐. (양쪽 겨드랑이로 사라지고 나타나기)

　산~고개 고개를~ (목뒤로 왼손 오른손 사라지고 나타나기)

　나~혼자 넘어서~ (왼손만 목뒤로 사라지고 나타나고 사라지기)

　토실토실 알밤을~ (딤블 왼손 엄지, 검지로 잡고)

　주워서~ 올 테야. (잡은 딤블을 오른손 검지에 꽂고 두 개 만들기)

 연출 멘트-2 (딱풀 뚜껑 마술)

1) 철수야~ 이게 뭘까?

2) 딱풀 뚜껑인데,

3) 이 풀 뚜껑이 어디로 가는지 잘 봐.

4) 목뒤로 사라지고 목뒤에서 나타나고

5) 겨드랑이로 사라지고 목뒤에서 나타나고

6) 목뒤에서 사라지고 다시 겨드랑이에서 나타나고

7) 다시 목으로

8) 자~ 이번엔 어디 있을까?

５

완드 투 플라워 (Wand to Flower) 마술

이 마술은 화분 컵에 연두색 콩을 넣고 주문을 외치면 화분 컵에 꽃이 피는 쉽고 시각적으로 효과 좋은 마술이다.

마술사가 컵과 완드(마술 봉)를 가지고 나오고 컵 안에는 연두색의 콩이 들어 있다. 연두색 콩이 들어 있는 컵을 뒤집어서 연두색 콩을 손에 쥐고 컵은 아래 방향으로 덮어 놓아 준다. 연두색 콩을 쥔 손을 놓아둔 컵에 놓아 주면 신기하게도 손에 있던 연두색 콩은 컵을 통과해서 컵 안으로 이동하게 된다.

다시 컵 안에 연두색 콩을 넣고 컵을 뒤집어서 연두 콩을 잡고 공중으로 던지면 콩은 사라지고 사라진 콩은 다시 컵 안으로 이동해 있다. 콩이 이동한 컵에 완드(마술 봉)를 세우고 하나, 둘, 셋 주문을 외치면 신기하게도 화분 컵에 꽃이 활짝 피어 있다.

이 마술은 아이들이 학예회 때 많이 사용한다. 원리가 쉬워서 누구나 쉽게 배울 수 있으며 꽃이 만들어지는 시각적인 효과도 커서 많은 친구들이 사랑하는 마술이고 저자도 아주 좋아하는 마술이다.

아무것도 없는 화분 컵에서 아름다운 꽃을 만들어 낼 수 있다니 정말 신기하고 아름답지 않은가? 한번 배워 보도록 하자. 연두색 콩을 이용해서 씨앗이 자라서 꽃이 된다는 이야기를 꾸밀 수 있다면 더 효과적인 마술이 될 수 있을 것이다.

연출 영상

해법 영상

도구 구입

연출 멘트-1

1) 영희야~ 마술 하나 보여 줄까?

2) 여기 연두색 콩이 하나 있지?

3) 자 연두색 콩을 화분 컵에 잘 넣고 뒤집어서 손에 잘 잡고 손에 있
   는 콩이 화분 컵을 통과해서 컵 안으로 이동한단다.

4) 잘 봐. 하나, 둘, 셋, 얍!

5) 통과했지? (연두색 콩이 손에서 사라지고 컵 안에서 나타난다.)
   다시 한번 화분 컵에 있는 콩을 잘 잡아서 비벼 주면 손에 있는 콩
   은 사라져 버리네.

6) 콩은 어디 있을까?

7) 신기하게도 콩은 다시 컵 안에서 나타난단다.

8) 다시 콩을 화분 컵에 넣고 막대기로 잘 저어 주고 이 막대기(완드)
   를 컵 안에서 쓰러지지 않게 세워 볼게.

9) 컵에 막대기(완드)가 세워지고

10) 하나, 둘, 셋, 얍~! 주문을 외치면 화분 컵에 꽃이 활짝 핀단다.

11) 와우^^ 신기하지?

연출 멘트-2 (이야기 꾸미기)

1) 여기 노력이라는 마법의 씨앗이 있습니다.

2) 컵을 뒤집어서 마법의 씨앗을 잘 잡고 컵에 쳐 주면 컵 안으로 씨
   앗이 이동합니다.

3) 다시 한번 더 씨앗을 손에 잡고 비벼 주면 씨앗이 사라지고 다시
   컵에서 나타납니다.

4) 이 노력이라는 마법의 씨앗을 컵에 넣고 주문을 외치면 물도 흙도
   없는 컵이지만 노력은 신기하게도 아름다운 꽃을 피웁니다.

5) 여러분들도 노력이라는 씨앗을 품고 있으면 언젠가는 마술처럼
   아름다운 결과의 꽃이 필겁니다.

6) 감사합니다.

링킹 삼색 로프 (Linking 3'color Rope) 마술

이 마술은 빨강, 노랑, 파랑색의 세 가지 색깔로 된 줄로 하는 마술이다. 신기하게도 이 삼색의 줄이 서로 연결되고 다시 분리되는 고급마술이다.

빨간색 줄의 끝을 서로 묶어서 링을 만들어 준다. 노란색과 파란색도 똑같은 방법으로 각각 끝을 묶어서 링을 만들어 준다.

묶여진 각각의 빨간색 줄링과 노란색 줄링, 파란색 줄링을 마술사가 모아 잡고 하나, 둘, 셋, 주문을 외치면 삼색의 줄링이 서로 연결되어 버린다.

다시 마술사가 모아 잡고 주문을 외치면 다시 각각의 줄링으로 풀려 나온다.

이 마술은 음악을 틀어 놓고 무대 마술을 보여 주어도 되고 음악 없이 아이들과 이야기하면서 보여 주어도 신나는 마술을 연출할 수 있다.

나는 주로 이야기를 하면서 진행하는 마술로 많이 사용하고 있으며 조금만 연습하면 아주 고급스럽고 신기한 마술 연출을 할 수 있다.

줄이 어떻게 연결될까? 이 마술의 비밀은 아주 간단하지만 마술을 보는 아이들은 절대 알 수 없는 마술이다.

삼색 링킹 로프 마술을 만나 보자.

연출 영상　　　　　해법 영상

도구 구입 1　　　　도구 구입 2

연출 멘트-1 (스테이지 마술)

1) 철수야~ 마술 하나 보여 줄게.

2) 이쪽으로 와서 앉아 주세요.

3) 자~ 음악과 함께 시작할게.

4) 음악 주세요~^^

5) (스테이지 마술 연기)

6) 감사합니다.

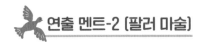

연출 멘트-2 (팔러 마술)

1) 안녕. 오늘은 줄 마술을 보여 줄게.

2) 여기 잘 묶여진 빨간색, 노란색, 파란색의 삼색 로프가 있어.

3) 자. 한 줄, 두 줄, 세 줄 아무 이상이 없지?

4) 빨강, 노랑, 파란색 줄을 모아 잡고

5) 하나, 둘, 셋 주문을 외치고 빨간색을 잡고 놓으면

6) 와~ 신기하게도 세 줄이 연결되어 버리네.

7) 신기하지?

8) 다시 세 줄을 손에 모아 잡고 하나, 둘, 셋 주문을 외치면

9) 빨강, 노랑, 파란색 줄이 분리되어 버리네.

불빛 장미 (light rose) ✚
딜라이트 (Delight) 마술

이 마술은 공중에서 불빛을 하나 만들어서 장미꽃으로 불빛을 이동시키는 아주 신기하고 누구나 좋아하는 불빛 마술이다.

불빛 마술은 원리를 알아도 신기하고 환상적으로 보이는 마술이다. 아무것도 없는 공중에서 마술사가 손으로 불빛을 하나 잡아서 만든다.

만들어진 불빛을 손에 쥐고 감싸고 후~ 하고 불어 주면 불빛은 사라지고 다시 공중에서 나타난다. 불빛을 먹고 귀에서 빼거나 불빛이 겨드랑이로 이동해서 나온다. 그리고 이 불빛을 장미꽃에 붙여 주면 불빛이 이동하여 환하게 빛나는 불빛 장미가 된다.

101

이 마술은 음악을 틀어 놓고 무대 마술로 보여 주기에 최고의 마술이다.

불빛이 충분히 강해서 낮에 마술을 해도 불빛이 빛난다. 물론 밤에 약간 어두운 분위기에서 연출하면 정말 불빛이 공중에서 날아다니고 이동하는 듯한 환상적인 마술을 보여 줄 수 있다. 아이들 생일 파티 때나 친구들 생일 때 학예발표회 때 사용할 수 있는 최고의 마술 아이템이다.

연출 영상   해법 영상   도구 구입

 **연출 멘트**

1) 철수야~ 오늘은 아주 재미있는 마술 하나 보여 줄게.

2) 자~ 이쪽으로 앉아 주고. 마술을 볼 준비 다 되었지?

3) 음악과 함께 시작할게.

4) 자~ 박수~~~^^

5) (무대 마술 연기)

6) 감사합니다.

마술의 이해

　"우리 친구들은 마술이 뭐라고 생각해?" 마술공연이나 마술 강의를 갔을 때 항상 내가 하는 질문이다. "신기한 것", "비둘기 나타나는 것", "없던 게 나타나고 사라지는 것", "마술은 마술이에요~ 사기요, 속임수요~"

　어떤 친구들은 긍정적으로 말을 하고 어떤 친구들은 부정적으로 마술을 이해하고 말한다.

　"마술은 비밀이야. 마술사는 여러분이 모르는 비밀을 가지고 연기를 하는 공연자란다. 그리고 마술은 남들을 즐겁게 해 주기 때문에 '세상에서 가장 아름다운 비밀'이란다."

　드라마에서 연기자들이 다쳐서 흘리는 피는 진짜가 아니며 죽는 것도 진짜 죽은 것이 아니다. 드라마를 볼 때 '에이, 가짜 피잖아~ 에이, 가짜로 죽은 거잖아~'라고 재미없게 보지않는다. 연기자들의 연기에 푹 빠져서 가짜라고 생각하지 않는다. 드라마를 드라마로 보는 것이다. 마찬가지로 마술을 마술로 보아야 한다.

하지만 아직도 마술은 '사기야, 속임수야'라고 부정적으로 생각하는 친구들과 아빠, 엄마들이 있다. 똑같은 마술을 배우고도 마술을 즐겁고 신나게 보여 주려는 친구들과 마술을 보여 주는 것이 어색하고 주저하는 친구들과의 차이가 바로 긍정적으로 마술을 이해하느냐, 부정적으로 마술을 이해하느냐이다.

마술의 비밀을 이해하고 친구들 앞에서 연기한다고 생각하면 뭔가를 숨기고 모르게 해야 한다는 압박에서 벗어날 수 있다. 마술을 속임수라고 생각하면 연기를 하는 것보다 상대방을 속여야 한다는 생각이 더 커지기 때문에 부담이 생겨서 보여 주는 것을 주저하게 된다.

한번은 마술에 관심을 보이는 50대 분이 계셔서 "마술을 한번 배워 보겠습니까?"라고 했을 때 그분의 대답이 "저는 마술이 남들을 속여야 하기 때문에 보는 건 좋은데 내가 남들을 속이는 것은 못합니다."였다.

마술을 속임수로 이해하다 보니 속여야 된다는 생각에 더 이상을 보지 못하는 것이다. 마술은 비밀이고 연기이다. 비밀을 안다고 해도 마술사가 그 비밀로 어떻게 연기를 하느냐를 보면 마술을 즐겁게 볼 수 있고 '나도 마술을 배워서 저렇게 연기할 수 있지 않을까? 한번 배워 볼까?'라고 생각하게 될 것이다.

예를 들어 물잔에 물이 반이 남아 있다고 하자. 어떤 사람은 물이 반이나 남았다고 생각하고 또 어떤 사람은 물이 반밖에 남지 않았다고 생각한다. 똑같은 상황인데도 서로 다른 생각으로 상황을 본다. 피그말리온 효과에 따라 긍정적인 생각은 긍적적인 기대나 관심이 생겨나고 사람들에게 좋은 영향을 미치게 된다.

마술을 긍정적으로 이해하고 배우기 시작한다면 이 책에서 배운 내용을 아이들, 가족들, 친구들에게 좀 더 잘 표현하고 잘 보여 줄 수 있을 것이다. 마술을 이해하는 생각부터 긍정적으로 바꾸자. 모든 것을 긍정적으로 보게 될 것이고 긍정이 주는 힘을 느끼게 될 것이다.

마술은 비밀이며 그 비밀을 아는 나는 연기자이며 마술사이다.

곽유영

10여 년 전 중학교 교육복지사로 일했었던 적이 있었다.

북한에서도 중2들이 무서워서 못 내려온다는 우스갯소리가 있듯 질풍노도의 시기인 청소년들에게 '어떻게 마음으로 다가갈 수 있을까'를 고민했었다.

그러다가 우연히 남편이 우리 아이 셋(그때 당시 큰딸은 초등, 아들은 유치원, 막둥이는 어린이집)을 나란히 앉혀 놓고 동전으로 뭔가를 하고 있었다. 동전 마술이었다. 오른손에 있었던 동전이 사라지고 입에서 나오고 또 사라지고 귀에서 나오는 마술(프렌치드롭을 이용한 동전 마술)을 하고 동전이 눈으로 들어갔다가 목뒤에서 나오는 마술(동전이 사라지는 마술)을 하는데 아이들이 신기해하면서 눈은 동그래지고 얼굴은 환한 미소와 호기심이 가득한 표정으로 아빠에게 또 해 달라며 재밌게 놀고 있는 모습을 보고 '이거다!'라는 생각이 들어 마술을 배우기 시작했다.

그때 당시는 마술을 배울 수 있는 곳이 많지 않았기 때문에 온라인으로, 전주 JL 매직을 왔다 갔다 하면서 열심히 배웠다.

자격증을 따고 중학교 친구들과 마술을 통해 서로 마음의 문을 열고 소통할 수 있었고, 아이 유치원에 재능기부를 하면서 마술을 보여 주고, 책과 연계해서(아이가 어릴 때는 독서 교육이 중요하다고 생각했기 때문에) 마술을 하기도 했었다.

그 후 산청으로 귀촌하였는데 그때 마침 여름방학 특강으로 마술수업을 개강하기 위해 강사를 모집하고 있었다. 무식하면 용감하다고 오직 아이들과 함께하고 싶은 마음에 서류를 넣었고, 하늘이 그 마음을 알았는지 합격이 되어 아이들과 신나고 재밌게 마술을 특강을 한 경험이 인연이 되어 방과후 마술강사로 활동하게 되었다.

마술로 아이들을 만나면서 처음에는 자신의 이름조차도 다 기어들어 가는 목소리로 말하던 아이들이 마술을 배우고 친구들에게 보여 주고 마술복을 입고 음악에 맞춰 발표를 하는 과정을 통해 자신을 표현하고 자신의 목소리를 내며 자신감 넘치는 모습으로 바뀌는 것을 보고 마술이 아이들에게 자존감을 향상시키고, 정서적으로 도움을 준다는 것을 경험하게 되었다.

이 경험을 통해 마술이 심리치료에 도움을 줄 수 있겠다는 생각을 하게 되면서 상담공부를 하게 되었다.

마침 대구에 있는 대학에 매직테라피과가 있어 산청에서 학교까지 왕복 4시간 거리를 오로지 배움의 열정으로 2년을 다녔다. 부족함을 느껴 다시 경상대학교 산업심리학과 석사과정과 한국방송통신대학교 청소년교육과를 병행하게 되었고, 마술강사로 활동하면서 마술을 하면서 아이들에게 심리치료에 도움을 줄 수 있었다.

산청군 청소년 상담복지센터에서 본격적으로 청소년 상담을 하게 되었는데 실제 상담 장면에서 마술 덕분에 아이들의 마음과 연결되는 경험을 하게 되었다.

학교에서 공부에 흥미가 없다 보니 수업시간에 산만하고 그래서 지적을 많이 받게 되어 위축되고 자신감이 결여된 친구가 재미있는 마술에 흥미를 가지고 자기도 뭔가 잘할 수 있다는 경험을 통해 자신감이 향상되면서 학교생활에 잘 적응하는 경우가 있었다. 늘 마술수업 때 산만하고 집중하지 못하는 아이가 알고 봤더니 가장 좋아하는 수업이 마술수업이었고, 그나마 다른 수업보다 집중하고 흥미를 가졌다는 사실을 알고 그 친구와 마술로 상담하면서 마음으로 연결할 수 있었던 경험은 마술이 흥미와 재미뿐만 아니라 서로의 마음을 연결해 주는 상담 치료에 아주 효과가 있다는 것을 알 수 있게 되었다.

위기 청소년을 만나다 보면 대부분 가정에서 특히 부모님과의 관계가 힘든 경우가 많다. 부모님과의 소통의 부재 혹은 부모님의 이혼이나, 가정 폭력 등 가정의 문제를 고스란히 우리 아이들이 감당해야 한다. 그래서 또 고민을 하게 되었다. 마술로 가족들과 소통할 수 있는 방법이 뭘까, 마술로 가족들이 행복할 수 있는 방법은…?

그러다가 거창 청소년수련관에서 가족과 함께하는 마술수업을 하게 되었다. 주말인데도 엄마, 아빠, 아이들이 함께 모여 다양한 마술을 배우고 서로 보여 주면서 즐겁고 행복해하는 모습을 보면서 마술을 통해 가족들과 소통하고 화목하고, 행복할 수 있겠다는 생각을 하게 되었다.

그렇다면 엄마, 아빠의 부부 관계가 행복하고, 가족이 행복할 수 있는 방법이 분명 있을 거라는 확신이 생겼다.

그래서 더 전문적이고 깊은 공부를 위해 미국 캘리포니아주에 있는 데이브레이크대학교에 커플과 가족치료 석사과정을 마치고 성치료와 교육 박사과정에 또 새롭게 도전하였다.

나의 배움들이 마술과 통합되어 정말 마술같이 가족들이 행복해질 수 있는 방법이 뭘까 고민하고 연구하고자 한다.

책에 나오는 다양한 마술들이 가족과 소통하고 화목하고, 행복할 수 있는 답이 되지 않을까?

레인보우칩 (Rainbow-chip) 마술

이 마술은 2개의 칩을 서로 문질러 주면 색깔이 바뀌는 재미있는 마술이다.

마술사는 앞뒷면이 모두 검은색인 2개의 칩을 보여 준다. 그리고 서로 마주 보게 하여 문질러 주면서 마술 주문을 걸어 주면, 검은색이었던 칩의 색깔이 빨간색과 노란색으로 바뀌어 버린다. 칩을 뒤집어 뒷면의 검은색을 다시 한번 서로 문질러 주면 또 다른 색으로 바뀌게 된다.

이 마술은 우리가 일상생활에서 너무나 잘 알고 있는 간단한 과학의 원리를 이용한 마술이다. 사전 준비가 간단하고, 연출도 아주 쉬워서 누구나 금방 배워서 보여 줄 수 있다.

연출 영상   해법 영상   도구 구입

 **연출 멘트-1**

1) 영희야! 여기 검은색의 칩 두 개가 있지. 뒤에는 흰색이고

2) 자 먼저 검은색 칩을 하나, 둘, 셋 (검은색 칩끼리 갖다 댄다) 주문을 걸고 잘 비벼 주면

3) 와우~ 검은색이 다른 색으로 변했네.

4) 다시 흰색의 칩도 다 같이 하나, 둘, 셋 (흰색 칩끼리 갖다 댄다) 잘 비벼 주면

5) 와우~ 다른 색으로 변했네. 어때 신기하지?

1) 여기 까망이 친구와 하양이 친구가 있네(칩을 앞뒤로 보여 준다).

2) 까망이 친구가 서로 만나서 토닥토닥하니까 예쁜 색깔로 바뀌었네~~

3) 하양이 친구가 서로 만나서 토닥토닥 사랑해요 하니까 또 예쁜 색깔로 바뀌었네!

3) 철수야, 영희야 사랑해(아이를 꼬옥 안아 준다).

TIP

1) 마술의 현상을 미리 말하지 않는다. (예 : 색이 변하는 마술을 보여 줄게 (X))

2) 진행 과정에서 도구에서 나오는 소리를 행동과 목소리로 감춘다. (예 : 마술 주문을 외울 때 하나, 둘, 셋을 아이와 큰 소리로 하면서 칩을 갖다 댄다.)

3) 말을 하면서 동시에 행동을 같이 한다.

4) 칩을 보여 줄 때 안경처럼 눈앞에 대면 아이들이 재밌어한다.

기분 알아맞히기 (Mind Guess) 마술

이 마술은 작은 마술 도구를 이용
해 상대방의 기분을 알아맞히는 마
술이다.

마술사는 아이에게 주사위 모양의
육면체를 보여 주고, 각각의 면에 웃
는 표정, 화난 표정, 슬픈 표정을 보
여 주며 지금 자신의 기분을 나타내
는 그림을 위를 향하게 놓고 뚜껑을
덮어서 달라고 하고 돌아앉는다.

아이가 뚜껑을 덮었다고 말해 주면, 마술사는 다시 아이를 마주하고
앉아 손에 마술 도구를 들고, 뚜껑을 열지 않은 상태에서 아이의 기분

을 알아맞힐 수 있다.

이 마술은 휴대가 간편하고, 언제 어디에서나 즉석에서 보여 줄 수 있다는 장점이 있다. 그러나 도구의 해법에 해당하는 도구의 특징을 잘 기억하고, 많은 연습을 해야만 실수 없이 마술을 보여 줄 수 있다.

자신이 마음속으로 생각한 기분을 맞히는 순간 아이는 정말 놀라며 신기해한다. 가족들이 모여 서로의 기분을 맞춰 보는 마술을 통해 가족들의 기분에 대해 자연스럽게 대화할 수 있게 된다.

연출 영상   해법 영상   도구 구입

 연출 멘트

1) 영희야, 여기 작은 통이 있지. 자 여기에 무엇이 들어 있나 볼까?
2) 통 안에는 주사위 하나가 들어 있네.
3) 주사위에는 웃는 표정, 화난 표정, 슬픈 표정이 있네.

4) 자 그럼 지금 영희 기분에 맞는 표정을 골라 통 안에 넣어 줘.

5) 이 통에 마술 가루를 뿌리면 (통 위에 마술 가루를 뿌리는 동작을 한다.)

6) (뚜껑을 열며) 영희가 고른 표정은 웃는 표정이네.

TIP

1) 왜 웃는 표정을 골랐는지 자연스럽게 이야기할 수 있다(아이가 이야기를 하지 않으려고 할 때 강요하지 않는다).

2) 기분에 대해 어떨 때 기분이 좋고, 어떨 때 화가 나고, 어떨 때 슬픈지 이야기 나눌 수 있게 되어 서로의 마음을 이해할 수 있는 시간이 된다.

3) 아이가 자연스럽게 직사각형의 원리를 이해할 수 있게 된다.

고무줄 (Rubber Band) 마술

이 마술은 검지와 중지에 있던 고무줄이 순간적으로 약지와 소지로 이동하는 마술이다.

마술사는 고무줄을 검지와 중지에 끼우고 주먹을 쥔다. 마술 주문을 걸고 주먹을 펴면 고무줄이 약지, 소지로 순식간에 이동하게 된다.

이 마술은 우리가 일상생활 속에서 손쉽게 구할 수 있는 고무줄로 연출할 수 있는 마술이어서, 언제 어디에서나 쉽고 재미있게 보여 줄 수 있다. 특수한 마술 도구가 아니어서 오히려 더 신기하고 재미있기 때문에 자주 보여 주는 마술이기도 하다.

이 마술은 고무줄의 탄성이라는 과학의 원리에 대해서 쉽게 이야기할 수 있고, 직접 보여 줌으로써 재미와 신기함이 더해지게 되는 마술이다.

연출 영상

해법 영상

연출 멘트-1

1) 자 여기 고무줄이 있어요. 이 고무줄을 2번과 3번 손가락에 끼워 볼게요.

2) 고무줄은 늘었다, 줄었다 하는 탄성이 있어요.

3) 자 하나, 둘, 셋 주문을 걸면 (손가락을 편다)

4) 와우 고무줄이 4번, 5번 손가락으로 이동을 했네요.

5) 고무줄이 도망가지 못하게 바리케이트를 쳐 볼게요~

6) 짜잔~ 고무줄이 다시 2번, 3번 손가락으로 이동을 했네요.

1) 영희야! 여기 고무줄이 2, 3번째 손가락에 있지.

2) 하나, 둘, 셋 주문을 걸면,

3) 와우~ 4, 5번째 손가락으로 이동을 했네.

4) 우리 영희도 태어나서 기어다니고, 걷고, 달리고, 학교가고… 이렇게 점프하듯 성장한 것 같아. 이쁘게 잘 성장해 준 우리 딸 고마워.

5) (다른 고무줄로 바리케이트를 치듯 걸어 준다) 이렇게 어려운 장애물이 있어도 하나, 둘, 셋 장애물을 뛰어넘는 우리 딸 최고(엄지척).

TIP

1) 탄성이란? 물체에 힘을 주어 변한 모양이 힘이 제거 되었을 때 원래의 모양으로 되돌아가려는 성질로써 일상생활에서 볼 수 있는 탄성의 현상은 스폰지, 고무줄, 스프링, 풍선 등이 있다.

2) 부모라면 우리 아이가 어떠한 장애물도 잘 극복하고 성장하기를 원한다. 간단한 고무줄 마술로 그런 부모님의 마음을 표현할 수 있고, 아이의 성장을 응원하고 지지할 수 있다.

3) 손가락의 이름 엄지, 검지, 중지, 약지, 소지를 익힐 수 있고, 손가락에 관한 이야기를 해 줄 수 있다.

4

좋은 말 카드 (language-Card) 마술

이 마술은 아이가 카드 한 장을 고르면, 마술사가 텔레파시로 아이가 고른 카드의 앞면에 적혀 있는 다양한 단어들을 알아맞히는 마술이다.

그러나 단순히 카드 앞면의 단어를 알아맞히는 마술을 넘어서 이 카드를 통해 다양한 이야기를 나눌 수 있다는 점이 장점이다.

이 카드에 적혀 있는 긍정적인 단어, 부정적인 단어에는 어떤 것이 있는지, 그 단어를 들었을 때 기분이 어떤지, 상대방에게, 자신에게 어떤 말을 하면 좋을지를 생각하게 된다. 마술의 신기함을 넘어, 긍정적인 단어를 뽑았을 때 사탕을 준다든지, 칭찬의 말을 해서 마술로, 놀이로 다양하게 사용할 수 있으면 더 좋다.

연출 영상　　　　　　해법 영상　　　　　　도구 구입

 연출 멘트

1) 영희야, 여기 다양한 카드가 있지.

2) 마술사가 눈을 감고 있는 동안 마음에 드는 카드 한 장을 뽑아 줘.

3) 자~ 텔레파시를 보내 주세요(ET 장면처럼 찌짓~).

4) 영희가 고른 카드는 ○○○입니다.

5) 이 단어를 봤을 때 기분이 어땠을까?

6) 이야기해 줘서 고마워.

TIP

카드마다 적혀 있는 다양한 단어들. 신기하게도 부정적인 단어는 읽기만 해도 기분이 안 좋아지고 긍정적인 단어는 볼수록 힘이 솟아난다.

어떤 말을 선택하느냐에 따라서 우리의 감정도 움직인다는 것을 알 수 있으며 우리가 일상에서 어떤 말을 해야 하는지 자연스럽게 깨닫게 된다.

5

풍선 통과하기 (Balloon penetration) 마술

이 마술은 요술 풍선을 원통 모양의 튜브에 넣고 긴 플라스틱 바늘로 찔러 통과시켜도 풍선이 터지지 않는 매우 신기한 마술이다.

마술사가 즉석에서 요술 풍선을 길게 분다. 바람을 넣은 풍선이니, 당연히 바늘을 찔러 넣으면 풍선이 터져야 하지만, 튜브 안에 있는 풍선은 터지지 않는다. 심지어는 바늘을 2개나 통과시키는데도 풍선이 터지지 않으므로 아이들이 매우 신기해한다.

풍선을 튜브에서 꺼내어 즉석에서 강아지를 만들어 선물할 수 있으면 금상첨화다.

나는 학교 폭력에 관련한 강의를 할 때 이 마술 도구를 이용하는데 아이들이 마술을 통해 이야기를 이미지화해서 받아들이기 때문에 큰 효과가 있었다.

연출 영상   해법 영상   도구 구입

 **연출 멘트-1**

1) 영희야 여기 손 펌프로 풍선에 바람을 넣을 거야.

2) 이제 풍선을 원통 튜브에 끼워 볼 거야.

3) 이 플라스틱으로 만든 긴 바늘로 풍선을 찌르면 어떻게 될까?

4) 그럼, 영희 말처럼 당연히 터지겠지?

5) 자 하나, 둘, 셋 주문을 걸고 플라스틱 바늘을 꽂아 볼 거야.

6) 와우! 첫 번째 바늘이 풍선을 통과했어!

7) 두 번째 핀을 꽂아 볼까?

8) 짜잔~ 두 번째 바늘도 풍선을 통과했는데, 이번에도 풍선이 터지지 않았어!

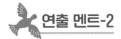 연출 멘트-2

1) 여기 손 펌프로 풍선에 바람을 넣을 거야.

2) 풍선을 원통 튜브에 끼워 볼 거야.

3) 이 뾰족한 바늘처럼, 폭력적인 말로 상대방에게 찌르면 (풍선이 터진다)

4) 그래, 폭력적인 말은 친구의 마음을 아프게 하지.

5) (다시 풍선에 바람을 넣고 원통 튜브에 넣는다)

6) 이번에는 '사랑해'라고 친구에게 해 보자(풍선이 터지지 않는다).

7) 두 번째는 '고마워'라며 친구에게 해 보자.

8) 친구의 마음이 다치지 않고 예쁜 하트로 변했어!

TIP

처음 플라스틱 바늘을 꽂아 풍선을 일부러 터트리는 연출을 하면서, 부정적인 말은 "상대의 마음을 아프게 한다."라고 하면서 보여 주고, 다음 주문을 걸고 바늘이 통과할 때는 "사랑의 말로 바꾸면 사랑스러운 강아지가 된다."라는 멘트를 하든지 다양하게 스토리를 넣어서 아이에게 보여 준다면 마술을 통해 아이와 자연스럽게 소통할 수 있게 된다.

좋은 마음 상자 마술

이 마술은 상자 안에 넣은 물건이 다른 물건으로 바뀌거나, 형태 혹은 색깔 등이 변하는 신기한 마술이다.

마술사는 미움, 실패, 죄, 슬픔이라는 단어가 적혀 있는 상자를 보여 준다. 우리의 마음을 상징하는 하트 그

림이 그려져 있는 종이를 찢어서 상자 안에 넣는다. 그리고 사랑, 도전, 용서, 위로를 통해 찢어진 마음이 다시 복원되는 것을 보여 줄 수 있는 마술로 연출할 수 있다.

마술의 신기함보다도, 미움, 실패, 죄, 슬픔으로 상처받고 찢어진 마음이 사랑, 도전, 용서, 위로로 감싸니 마음이 다시 온전해져 상처가 치유된다는 메시지를 전달할 수 있는 마술이다.

이 마술은 가족들이 모여 직접 마술 도구를 만들어 보고 만드는 과정에서 마술을 원리를 알 수 있으며, 나만의 마술로 다양하게 응용하여 표현할 수 있다는 장점이 있다.

연출 영상   해법 영상   도구 구입

 연출 멘트

1) 영희야 여기 아무것도 없는 빈 상자가 있지.

2) 미움이 있고, 실패가 있고, 죄가 있고, 슬픔이 있는 상자야(상자를 돌려 가며 보여 준다).

3) 이런 말을 들으면 영희는 어때? (아이의 이야기를 잠깐 들어준다.)

4) 이런 말들은 마음을 아프게 하고 상처받게 되어 ('마음'이라고 쓰

여진 종이를 찢는다) 마음이 찢어졌어.

5) 이 찢어지고 상처받은 마음을 상자에 넣고 미움은 사랑으로, 실패
는 도전으로, 죄는 용서로, 슬픔은 위로로 감싸 안고,

6) 마술 가루를 뿌리면 상처받고 찢어진 그 마음이 이렇게 온전하게
복원이 되었네(미리 상자에 넣어 둔 찢어지지 않은 '마음' 종이를
보여 준다).

TIP

1) 마술을 보여 주고 자연스럽게 가족들 다 함께 모여 사랑받았을
때, 위로받았을 때, 도전했을 때, 용서받았을 때 등 다양한 주제로
마음의 문을 열고 이야기할 수 있다.

2) 이야기를 다양하게 하여 연출할 수 있다.

체인지 백 (Double zipper change bag) 마술

이 마술은 아무것도 들어가 있지 않은 주머니에, 물건을 넣으면 그 물건이 사라지거나 다른 형태로 변하는 마술이다. 그밖에도 다양한 방법으로 응용해서 연출할 수 있다.

마술사는 지퍼를 열어 안에 아무것도 없다는 것을 확인시켜 준다. 지퍼를 잠그고 빨간 스카프와 흰 스카프를 넣고, 주문을 걸면, 이 두 장의 스카프가 합쳐져서 흰색 바탕에 빨간색 하트가 그려져 있는 하트 스카프로 합쳐지게 된다. 이 스카프를 다시 주머니에 넣고 마술 주문을 걸면, 이번에는 내가 전달하고 싶은 메시지가 담겨 있는 큰 스카프로 바뀌어 나오게 되는 마술이다.

무대 마술이기 때문에 아이들 학예회나 장기자랑에 보여 주면 인기를 얻게 되어 자존감이 향상될 수 있을 것이다.

연출 영상   해법 영상

도구 구입 1   도구 구입 2

 **연출 멘트**

1) 철수야, 여기 주머니가 있지. 안에는 아무것도 없고(주머니를 뒤집어서 확인시켜 준다).
2) 지퍼를 열어서 확인해 볼게(손을 쑥 집어넣어 아무것도 없음을 확인시켜 준다).
3) 다시 지퍼를 잠그고 여기에 빨간 스카프와 흰 스카프를 넣어 볼게.

4) 다같이 주문을 걸어 볼까? 하나, 둘, 셋

5) 와우~ 하트 스카프가 나오네.

6) 다시 (아무것도 없음을 확인시켜 준다) 주문을 걸면,

7) 철수야 한번 읽어 볼까? '사랑합니다', '건강하세요'

8) 우리 철수가 항상 사랑과 건강 가득하길….

TIP

이 마술은 주머니가 이중으로 되어 있어 사탕을 넣거나 가족 기념일에 선물을 넣어서 마술로 준다거나 꽃 등 다양하게 연출할 수 있다.

8

삐에로 색깔 입히기 (Colourful Pierrot) 마술

이 마술은 삐에로에게 예쁜 색깔
을 입혀 주는 마술이다.

마술사는 밑그림만 그려져 있는
삐에로 액자를 보여 준다. 세상의 모
든 색깔을 모아서 삐에로 액자에 마
술 주문을 걸면 예쁜 색깔이 입혀진
삐에로 그림으로 변신하게 된다.

마술을 위해 아이들이 입고 있는 옷과 주변 사물에서 다양한 색깔을
가지고 오는 과정이 아이들과의 즐거운 소통을 만들어 준다.

이 마술은 사전 준비도 매우 간단하고, 연출 방법도 아주 간단해서 남녀노소 누구나 쉽게 즉석에서 보여 줄 수 있는 마술이다.

연출 영상   해법 영상   도구 구입

연출 멘트

1) 철수야 여기 삐에로가 있지?

2) 그런데 뭔가 허전하지. 아 삐에로에 색깔이 없네.

3) 그렇다면 세상에 모든 색깔을 모아 모아 주문을 걸면,

4) 와우~ 삐에로가 아주 예쁘게 변신했네!

`TIP`

1) 엄마, 아빠가 삐에로 분장을 하고 마술을 보여 주면 아이들이 정 말 신나고 즐거워한다.

2) 마술의 원리를 이용하여 다른 그림을 만들어 응용할 수 있다.

매직 테라피 (Magic Therapy)

Magic Therapy는 신체 및 심리사회적 재활에서 간단한 마술의 치료적 사용에 대한 세심하게 설계된 체계적인 접근 방식이다.

"마술을 사용하면 즐겁게 하고 자기 효능감을 갖는 역할을 맡는 개인의 능력이 촉진된다. 마술의 기본 개념은 개입에 적합한 운동, 심리사회적, 인지 및 감각 처리[기술] 영역을 대상으로 한다."
Carolyn Baum, Ph.D., OTR/L, 작업 치료 개업을 위한 FAOTA ADVANCE (2007년 7월 23일 발행)

이 치료기법의 가장 중요한 측면은 내담자가 마술을 통해 배운 기술을 일상생활의 활동으로 옮기는 능력이다. 마술을 배우고 수행하는 것은 치료 목표에 도달하는 재미있는 방법을 제공하면서 기술 수준을 안전하게 탐색할 수 있는 수단을 제공한다.

치료 방식으로 다음과 같은 많은 분야에서 활용되고 있다.
- 신체 진단 분야는 모든 신체 진단에 대해 대상을 조작하는 클라이

언트의 능력(손재주, 잡기 및 해제)과 대근육 운동 기술을 향상시키는 데 효과적이다.

- 뇌 손상 분야에서는 마술 트릭을 수행하는 것은 후천성 뇌 손상이 있는 고객에게 인지 및 지각 문제를 제공한다.
- 척추 부상 분야에서는 손 기능이 제한된 척수 손상 환자의 경우 숙련된 손 움직임 없이 환경을 제어할 수 있다.
- 교육 분야에는 학습 장애, 정서적 행동 장애, 발달 및 인지 지연, 자폐증과 같은 추가적인 문제에 직면한 학생의 경우, 마법학습은 신경 발달 기능, 즉 주의력, 기억력, 언어, 시간 순서, 공간 순서, 신경 발달 기능에 상당한 영향을 미칠 수 있다. 운동 기능, 사회적 인지, 고차 인지에도 영향을 미친다.
- 정신 건강 분야에서 마술은 과정을 강화하는 데 사용되었다. 좌절 내성, 과제 수행, 집중력, 그룹 협력, 충동 제어, 의사소통 및 기타 여러 목표를 높이는 데 효과적이다.

마술의 치료적 사용은 강력한 과학적 연구에 의해 뒷받침하고 있다. 마술은 신경 운동, 주의력, 기억력, 언어, 시간적 순서, 공간적 순서, 사회적 인지 및 기타 고차원 인지와 같은 신경 발달 기능에 상당한 영향을 미칠 수 있다. 마술을 배우고 수행하는 것은 연령, 능력 또는 기능에 관계없이 치료 목표에 도달하는 재미있는 방법을 제공하면서 개인이 기술 수준을 안전하게 탐색할 수 있도록 한다.

치료에 마술 트릭을 통합하면 내담자가 정규 치료 세션 외에 연습하도록 동기를 부여할 수 있다(Green et al., 2013; Hines, Bundy, Black, Haertsch, & Wallen, 2019).

명시적 학습 단계(연상적). 규칙적인 연습의 결과로 동작의 실행은 더욱 세련되고 일관성 있게 수행된다. 내담자의 초점은 마술을 마스터하는 목표를 달성하는 데 있으며, 안내가 덜 필요하고 의식적으로 움직임을 독립적으로 적용 및 조정한다(Muratori, Lamberg, Quinn, & Duff, 2013). 마지막 단계(자율적)에서 내담자는 운동 기술을 배웠고 트릭을 수행하기 위해 인지적 노력이 거의 필요하지 않다.

작업 치료사가 고객을 치료에 참여시키기 위해 마술을 사용하면 더이상 구식의 일상적인 치료 작업을 사용할 필요가 없다. 대신, 마술 트릭을 배우면 마술 트릭 통합 및 외상성 뇌 손상에 대한 현장 연구는 토론토에서 열린 캐나다 물리의학 및 재활 회의에서 첫 번째 포스터 상을 수상했다(Kwong, 2007). 정신 건강 진단에 대한 개입으로 마술을 사용한 연구는 홍콩에서 열린 국제 정신 건강 콘퍼런스에서 첫 번째 포스터 상을 수상했다(Sui & Sui, 2007).

편마비가 있는 어린이를 위한 손-팔 양손 집중 치료에 대한 주제 접근 방식으로 마술을 사용하는 것에 대한 연구는 유럽 아동 장애 아카데

미 회의(European Academy of Childhood Disabilities Conference)에서 첫 번째 포스터 상을 수상했으며(Green et al., 2013) 추가 연구에서 이 인구에 대해 상당한 결과를 보여 주었다(Green et al., 2013; Hines et al., 2019; Schertz et al., 2016; Spencer et al., 2019, Weinstein et al., 2015). 마술은 모든 연령대의 사람들의 관심을 사로잡는 능력을 가지고 있기 때문에 재활에서 마술을 사용하는 것이 효과적이다.

때문에《우리 집은 마법학교》를 통해 가족치료에 도움이 될 수 있음을 확신한다.

《우리 집은 마법학교》가 행복한 가정을 위해 쓰이기를 희망한다.

이승희

나는 현재 '드리밍매직'이라는 공연팀을 운영하는 대표이자 어느덧 마술 경력 20년이라는 프로 마술사이며 공연기획자이다. 일찍 마술을 시작한 편이지만, 사실 나는 고등학교 2학년까지만 해도 내가 장차 직업 마술사가 되리라고는 생각조차 해 보지 않았던 사람이다.

　아버지는 다방면으로 취미가 많으신 분이셨다. 그림 그리기, 기타 연주, 그리고 마술까지 정말 다재다능하셨다. 고등학교 2학년 때였는데, 학교를 마치고 귀가한 나와 주방에 계시던 엄마를 관객 삼아 재미있는 마술들을 많이 보여 주시곤 하셨다. 지금 생각해 보면 그 시간들이 너무 즐겁고 재미있었다.

　마술학원이 거의 없던 그 시절, 서점에서 힘들게 구한 마술 서적과 해외에서 직구하신 비디오로 아버지는 거의 독학으로 마술을 배우셨는데, 그전까지 마술에 전혀 관심이 없었던 나에게 아버지의 마술쇼는 너무나 큰 충격이었다.

그때 보여 주신 첫 번째 마술은 "매직북"이라는 마술이었다. 아무것도 그려져 있지 않은 공책에 그림이 그려지고 다시 사라지는 마술이었다. 너무 신기해서 어떻게 하는 건지 알려 달라고 아버지에게 졸랐지만, 일주일이 넘게 마술 도구를 숨겨 놓으시고는 절대로 마술의 비밀을 알려 주시지 않으셨다. 그러다 결국 마술의 비밀을 알게 되었는데, 처음엔 정말 황당 그 자체였다. 하지만 보면 볼수록 '어떻게 이런 생각을 했지?'라는 호기심과 마술의 원리가 신선하게 다가왔다.

'이 정도면 나도 마술을 해 볼 수 있지 않을까?'라는 자신감에 하나씩 마술을 배우기 시작했고, 결국 시간이 흘러 어느새 지금 이 자리까지 와 있다. 그때를 생각해 보면, 아버지와 마술공연도 같이 보러 다니고 모르는 마술이 있으면 서로 알려 주기도 하고, 잘 안되는 마술이 있으면 늦은 밤 같이 연습도 하면서 아버지와 가장 많은 시간을 보낸 거 같다. 집에서 아버지와 대화하는 시간이 딱히 없었던 나에겐 마술이라는 신세계가 나와 아버지를 친구처럼 만들어 준 셈이다.

이 책을 통해 마술을 배우고자 하는 부모님들에게 물어보고 싶다.
"하루에 가족들과 대화하는 시간이 얼마나 되십니까?"

통계에 따르면 초등학생들의 학부모 10명 중 6명은 하루 자녀와의 대화 시간이 1시간도 채 되지 않는다고 한다. 이유는 다양했지만 가장 큰 이유는 스마트폰이나 게임, TV가 방해 요인이라는 의견이 가장 많았다. 그렇다. 부모들은 아이들의 이목을 끌 수 있는 무언가를 찾지 못해 대화의 시작조차 못하는 경우가 많은 것이다. 그래서 우리는 이 책을 통해 세상의 많은 가족들이 '마술'이라는 컨텐츠를 통해 가정에서 즐거운 시간을 만들 수 있기를 소망하고 바란다.

마술은 연령, 성별 구분 없이 사람을 어울리게 하는 강력한 힘과 매력이 있다. 마술은 가족들이 한자리에 모여 즐거운 대화를 나눌 수 있는 훌륭한 도구가 되어 줄 것이다.

사랑하는 나의 가족들이 함께 즐겁고 행복해하는 모습을 상상해 보며 마술을 하나씩 배워 보자!

미라 (Mummy) 마술

이 마술은 관 안에 있는 미라를 마술사가 알아맞히는 마술이다.

마술을 하기 전 마술사는 빈 검정색 관 1개, 빨, 파, 노 미라 3개를 확인시켜 준다. 마술사가 뒤돌아 있는 동안 아이는 검정색 관 안에 원하는 미라 하나를 숨기고 나머지 두 개도 원하는 곳에 숨긴다. 마술사는 뒤돌아 있었지만 검정색 관 안에 있는 미라 색깔을 정확히 맞힌다.

이 마술의 가장 큰 장점은 아이가 도구를 확인하여도 여러 번 마술을 보여 주어도 트릭을 알아맞추기 힘들다는 점이다. 반면, 단점은 기울기를 이용한 트릭이므로 이불이나 매트 같이 푹신한 바닥에선 구별하기 힘들다는 점이다. 그래서 지면이 딱딱하고 수평이 이루어진 책상 같은 곳에서 연출을 하는 것이 좋다.

성공적인 마술을 하기 위해서는 관 위에 손을 올려 신비로운 기운을 주는 것처럼 연출을 하면 관의 기울기 수평도 확인할 수 있고 마술적인 연출도 가능하다. 또한 이집트 미이라에 대한 역사적인 스토리를 이야기하며 마술을 보여 줄 수도 있다.

연출 영상   해법 영상   도구 구입

 연출 멘트

1) 오늘 보여 줄 마술은 바로 이집트에서 유명한 미라를 가지고 마술을 보여 주도록 하겠습니다.
2) 여기를 보면 빨, 파, 노 미라 3개와 미라를 집어넣을 수 있는 검정색 관 하나가 있습니다.

3) (행동으로 예를 보여 준다) 자! 이제 마술사가 뒤돌아 있을 때 좋아하는 색깔의 미라 하나를 관에 넣어 뚜껑을 닫아 주시고 나머지 두 개의 미라는 주머니에 숨겨 주시면 됩니다.

4) (마술사는 뒤돌아선다) 마술사는 보지 않겠습니다. 한번 시작해 볼까요?

5) (아직 뒤돌아 있는 상태에서 마술사가 물어본다) 관에 미라 하나를 집어넣고 뚜껑을 닫고 나머지 두 개를 숨기셨나요?

6) (아이가 다 숨겼다고 하면 다시 돌아서 아이와 마주 본다) 저는 뒤돌아 있었기 때문에 관에 어떤 미라가 들어 있는지 모릅니다. 하지만 마술로 맞혀 보도록 하겠습니다.

7) 마술에 기운을 모아 손을 움직여 주면~

8) 아! 이제 알 것 같습니다. 선택하신 미라는 바로! 빨간색입니다. 맞나요?

뚜껑을 열고 확인해 볼까요?

9) 맞았네요! 지금까지 신기한 미라 마술이었습니다.

2

폭탄 찾기 (Find a bomb) 마술

이 마술은 아이가 4장의 기차 카드 중 폭탄 카드를 어느 곳에 숨겨도 마술사가 폭탄 카드를 단번에 찾아내는 신기한 마술이다.

마술사가 뒤돌아 있는 동안 아이는 기차 카드 4장 중 한 장에 폭탄 카드를 집어넣고 나머지 3장에는 승객이 그려져 있는 카드를 집어넣는다. 그런 다음 마술사가 알지 못하도록 기차 카드를 마구 섞는다. 하지만 마술사는 폭탄 카드가 들어 있는 기차 카드를 마술로 찾게 된다.

이 마술의 가장 큰 장점은 트릭이 간단하여 배우기 쉬우면서도 아이

146

가 마술의 비밀을 알아맞히기 어렵다는 점이다. 또한 카드이기 때문에 가지고 다니기 쉽고 어느 장소에서나 별다른 준비 없이 마술을 보여 줄 수 있다.

이 마술은 카드의 미세한 차이를 확인하여 알아맞히는 마술로 순간에 보는 능력을 키워 마술의 비밀을 최대한 감춰야 한다. 마술사는 카드를 정리할 때 정답 카드만 가지고 있는 미세한 차이를 재빨리 알아볼 수 있어야 한다.

| 연출 영상 | 해법 영상 | 도구 구입 |

연출 멘트

1) 여기 기차 카드로 하는 재미있는 마술을 해 보도록 하겠습니다.
2) 여기 4개의 기차 카드가 있습니다.
3) 그리고 기차를 탑승하는 승객들이 그려져 있는 카드가 있고 여기 한 장은 정말 위험한 폭탄 카드가 있습니다.

4) (행동으로 예를 보여 준다) 이제 마술사가 뒤돌아 있을 때 원하시는 아무 기차 카드에 승객들을 태우시고 폭탄 카드 한 장도 기차 카드에 숨겨 주시면 됩니다. 아시겠죠? 저는 뒤돌아 있겠습니다.

5) (마술사는 뒤돌아 있으며 확인차 물어본다) 기차 카드에 승객 카드와 폭탄 카드를 잘 숨기셨나요?

6) (아이가 예! 대답하면 다시 아이를 바라본다)

7) (카드를 섞는 예를 보여 주고 아이가 섞는다) 이제 기차 카드를 한 번 섞어 주세요.

8) 잘하셨습니다! 카드가 완벽하게 섞였는데요.

9) (아이가 기차 카드를 다 섞으면 정리하며 일렬로 놓는다) 제가 기차 카드를 잘 정리해 보겠습니다.

10) 기차 카드 안에는 승객들도 타고 있지만 가장 위험한 폭탄 카드도 있습니다.

11) 지금은 폭탄 카드가 어디에 있는지 보이지 않지만 제가 마술을 부리면~

12) 폭탄 카드는 바로 여기에 있습니다. 나머지 기차 카드도 확인해 볼까요?

13) 무사히 승객들을 구출하는 재미있는 기차 카드 마술이었습니다.

3

머니 프린트 (Money Printer) 마술

이 마술은 종이를 집어넣으면 종이가 돈으로 인쇄되어 나오는 마술이다.

마술사가 지폐 크기와 비슷한 백지를 '머니 프린트'라는 마술 도구에 집어넣고 옆에 있는 손잡이를 돌린다. 백지는 들어가면서 진짜 지폐로 인쇄되어 나오게 된다. 이번에는 반대로 마술사가 지폐를 머니 프린트에 집어넣고 손잡이를 돌리게 되면 다시 백지로 바뀌어서 나오게 되는 신기한 마술이다.

이 마술의 장점은 돈을 이용한 마술이기에 누구나 좋아하고 누구나

손쉽게 돈을 이용한 마술을 할 수 있다는 점이다. 또한 역으로 돈을 백지로 바꿀 수 있는 마술도 가능하기 때문에 아이의 돈을 백지로 만든 다음 그냥 돌려주는 코믹적인 마술 연출도 가능하다.

이 마술은 초등학교 방과후 학교 마술반 수업에서 아이들에게 가장 반응이 좋았던 마술 중 하나이다. 세상에 돈 싫어하는 사람 없듯, 다양한 연출이 가능한 효과 좋은 마술이다.

또한 백지가 지폐로 바뀌는 과정을 천천히 보여 줄 수 있어 아이가 굉장히 신기해할 수 있다. 아이에게 지폐를 빌려서, 그 지폐가 백지로 바뀌는 마술을 보여 주고, "안타깝게도 종이가 다시 돈으로 바뀌는 마술은 배우지 못하였습니다."라고 멘트를 하면 코믹적인 연출도 가능하다.

연출 영상   해법 영상   도구 구입

 연출 멘트

1) 마술을 보여 주기 전에, 먼저 용돈을 주도록 하겠습니다.

2) (아이에게 종이를 준다) 자! 여기 있습니다.

3) (아이가 당황해할 때 백지를 다시 가져간다) 하하하~ 장난입니다.

4) 이 종이를 마술 도구에 한번 넣어 보도록 하겠습니다.

5) 잘 보세요! 천천히 손잡이를 돌리면 어떤 일이 벌어질까요?

6) (종이가 진짜 돈으로 바뀌고) 와! 놀랍게도 종이가 천천히 돈으로
   바뀌고 있습니다.

7) 종이가 돈으로 바뀌는 신기한 머니 프린트 마술이었습니다.

4

애니멀 카드 (Animal Pre-Diction Card) 마술

마술사는 6장의 동물 카드를 보여
주며 관객이 한 장의 카드를 고르게
한다.

그런데 놀랍게도 마술사는 아이가
선택하게 될 카드를 미리 알고 봉투
안에 똑같은 카드를 준비해 두었다.
아이의 선택을 미리 예언하는 카드
마술이다.

6장의 동물 카드를 보여 주며 마술사는 아이에게 1~6 숫자 중 좋아
하는 숫자 하나를 말해 보라고 한다. 아이가 말한 숫자의 수만큼 이동
을 하면 동물 카드 한 장이 선택이 된다.

마술사는 미리 이 카드를 뽑을 줄 알고 있었다고 말하며 큰 봉투 안에 작은 봉투를 꺼내는데, 놀랍게도 이 봉투 안에는 아이가 고른 동물 카드와 똑같은 카드가 들어 있다. 더 놀라운 건 큰 봉투에 그 동물을 가지고 왔다고 하며 보여 주면 봉투에서 순간 소리가 나며 관객이 깜짝 놀라게 된다.

이 마술의 장점은 1~6 중 어떠한 숫자를 골라도 마술사가 미리 준비한 카드를 뽑도록 할 수 있다는 점이다. 그래서 이 마술은 성공할 확률이 매우 높다. 또한 마지막 선택한 동물을 봉투 안에 가져왔다고 하면서 소리가 나는 장치를 이용하면 아이를 두 번 놀라게 할 수 있어 재미있는 연출이 가능하다.

애니멀 카드는 동물 모양이 그려져 있는 카드로서 한글뿐만 아니라 영어도 쓰여져 있어 마술을 보여 주며 교육적인 접근이 가능하다. 또한 만화적인 그림 덕분에 어린 유아 친구들도 큰 거부감 없이 마술을 관람하며 즐길 수 있다.

연출 영상   해법 영상   도구 구입

1) 여기 동물 카드 6장이 있습니다.

2) 박쥐, 벌, 개구리, 방울뱀, 전갈, 거미 이렇게 6개의 동물들이 그려져 있습니다.

3) 1~6 숫자 중 좋아하는 숫자 하나만 말해 주세요.

4) '3'을 말씀하셨습니다. 숫자 '3'은 바로 '벌'입니다.

5) 그런데 저는 이 마술을 시작하기 전부터 벌 카드를 고를 줄 알고 있었습니다.

6) 여기 큰 봉투 안에 작은 봉투가 있는데요. 안에는 놀랍게도 선택한 벌 카드가 들어 있습니다. 감사합니다.

7) 정말 신기하지만 더 신기한 점은 제가 큰 봉투 안에 진짜 살아 있는 벌을 가져왔다는 사실입니다.

8) 소리 들리시나요? 안 들리세요? 가까이 와 보시겠어요?

9) (큰 봉투에서 소리 나는 장치가 순간 소리를 내어 아이는 깜짝 놀란다) 장난이었습니다.

10) 지금까지 재미있는 애니멀 카드 마술이었습니다.

5

생각하는 숫자 맞히기
(Guessing the number card) 마술

아이가 1~60 중에 머릿속으로 숫자 하나를 생각한다. 그리고 마술사는 카드 6장을 보여 주고 아이가 생각한 숫자를 맞힌다.

마술사는 아이에게 1~60 중 숫자 하나만 머릿속으로 생각하라고 한다. 그리고 여러 숫자가 그려져 있는 카드를 한 장씩 보여 주며 생각한 숫자가 있는지 없는지 물어본다. 아이는 카드를 한 장씩 보면서 있다, 없다 얘기한다. 6장의 카드를 다 보여 준 마술사는 놀랍게도 아이가 생각한 숫자를 맞히게 된다.

이 마술의 장점은 사전에 특별한 준비 없이 바로 마술을 보여 주는 것이 가능하며 도구가 카드 6장으로 휴대가 간편하기 때문에 어느 장소에서나 마술을 보여 줄 수 있다. 또한 숫자를 이용하기 때문에 핸드폰 비밀번호, 카드 비밀번호 등 다양한 숫자 맞히기 연출이 가능하다.

나는 지금도 일상 속에서 가장 많이 보여 주고 있는 마술이며, 효과가 매우 큰 마술이다.

숫자만 알면 누구나 참여 가능한 마술이기에 카드를 지갑에 넣어 가지고 다니며 언제 어디서나 보여 줄 수 있다.

연출 영상

해법 영상

도구 구입

 연출 멘트

1) 마술을 통해 우리 친구가 생각하는 것을 읽어 보도록 하겠습니다.

2) 1~60 중에 한 가지 숫자만 마음속으로 생각해 주세요.

3) 절대 말하지 마세요. 생각하셨나요? 바꾸시면 안 됩니다.

4) 이제 제가 카드를 보여 드릴 텐데 생각한 숫자가 있으면 있다! 없으면 없다! 얘기 해 주시면 됩니다.

5) (카드를 한 장씩 천천히 보여 주며) 이 카드에 있나요?

6) (카드를 한 장씩 다 보여 주었으면) 자! 저는 '있다' '없다'만 물어보았습니다.

7) 하지만 마술로 당신이 생각한 숫자를 맞춰 보겠습니다.

8) 당신이 생각한 숫자는 바로 숫자 ○○입니다! 맞나요? 감사합니다.

6

미러 글라스 (Mirror Glass) 마술

잘려진 여러 개의 로프를 컵에 넣고 주문을 외우자 놀랍게도 긴 로프가 다시 나오게 된다.

마술사가 긴 로프 하나를 가져와 가위로 여러 번 자른다. 로프가 여러 짧은 로프들로 나눠지고 잘라진 로프들을 빈 컵에 넣고 마술 주문을 외운다. 그러자 놀랍게도 여러 개로 잘

라진 로프가 하나의 긴 로프로 이어져 나오게 된다.

이 마술의 장점은 로프뿐만 아니라 손수건, 스펀지, 카드 등 다양한 소재를 이용해 연출이 가능하다는 점이다. 다만 무대 마술 도구 특성

상 어느 정도 거리를 두고 보여 줘야 트릭이 노출되지 않으며, 마술이 끝나고 아이에게 도구를 확인시켜 줄 수는 없다.

아이와 함께 로프를 자르고 자른 로프를 컵에 집어넣는다면 더 신기해하고 친밀감을 높일 수 있다.

연출 영상	해법 영상	도구 구입

 **연출 멘트**

1) 여기 긴 로프가 있습니다.
2) 긴 로프를 가위로 여러 번 잘라서 컵에 집어넣겠습니다.
3) 그리고 컵에 주문을 걸어 주면 놀랍게도 잘라졌던 로프들이 다시 한 줄로 이어지는 놀라운 마술입니다.
4) 지금까지 컵으로 하는 신기한 로프 마술이었습니다. 감사합니다.

7

에그백 (egg bag) 마술

이 마술은 공중으로 던진 계란이
감쪽같이 사라지고 사라진 계란이
마술사 주머니에서 다시 나오는 마
술이다.

마술사는 계란 한 개와 주머니를
보여 주며 주머니 안에 계란 한 개
를 집어넣는다. 그리고 주머니 안에
손을 집어넣어 계란 한 개를 꺼낸
다. 마술사는 꺼낸 계란을 공중으로 던진다. 신기하게도 계란은 감쪽
같이 사라지고 사라진 계란은 마술사 주머니에 순간 이동하여 나오게
된다.

이 마술의 장점은 많은 사람이 볼 수 있는 무대 마술이라는 점이다. 계란이 사라지는 연출뿐만 아니라 아무것도 없는 주머니에서 계란이 나타나는 마술까지 다양한 연출을 할 수 있다.

이 마술을 보여 줄 때, 모형 계란을 사용할 수도 있고 진짜 계란을 이용할 수도 있다. 물론 쉽게 깨질 수 있다는 단점이 있지만 마술을 보여 준 직후에 계란을 깨서 보여 줌으로써 신기함을 더 극대화할 수 있다.

삶은 계란을 간식으로 먹는다면 이 마술을 보여 주길 강력 추천한다.

연출 영상

해법 영상

도구 구입

 **연출 멘트**

1) 여기 안이 훤히 보이는 주머니가 있습니다.

2) 주머니 안에는 계란이 있는데요.

3) 제가 이 계란을 잘 잡아서 공중으로 던지면 놀랍게도 계란이 사라지게 됩니다.

161

4) 사라진 계란은 어디로 갔을까요?

5) 신기하게도 제 주머니에서 다시 나오는 놀라운 계란 마술이었습
니다.

아이들 눈높이 마술이란?

마술공연을 한 지도 올해로 20년이라는 시간이 흘렀다. 길다면 긴 이 시간 동안 다양한 마술들을 연습하고 공연해 왔다. 마술은 대상에 따라 분위기와 마술이 달라지며 무궁무진한 마술들이 존재한다. 그중에서도 내가 가장 많이 공연을 한 분야는 바로 키즈(KIDS) 매직이다. 키즈매직은 어린이를 대상으로 하는 마술이다.

마술사들은 자신의 극장이나 공연장이 있지 않으면 공연할 수 있는 장소가 생각보다 많지 않다. 그래서 대부분의 마술사들은 찾아가 방문하는 공연 시스템을 많이 가지고 있다. 나 또한 공연 문의가 많은 어린이집, 유치원 같은 유아 관련 기관부터 공연을 시작했다. 그러다 보니 자연스럽게 의상에서부터 진행하는 말투까지 어린이 눈높이에 맞출 수밖에 없었다.

그러면 여기서 어른들 마술과 아이들 마술이 무엇이 다른가? 궁금할 수밖에 없다.

첫 번째, 진행하는 말투부터 다르다 할 수 있다. 예를 들어, 관객에게 질문을 했을 때 대답하는 관객의 목소리가 작으면 보통 뭐라고 대답하면 좋을까? 아마 대부분은 "죄송하지만 좀 더 크게 말씀해 주시겠어요?" 이렇게 말할 것이다. 하지만 어린이 눈높이에 맞는 대답은 아니다. 어린이의 눈높이에 맞는 대답 중 하나는 "목소리가 개미 똥꾸멍만 하네요."이다.

여기에서 정답은 없지만 어린이 친구들이 좋아하는 똥, 방구, 이상한 소리 등을 말하며 '나는 어른이지만 너희들 세계에 들어가 이야기하고 있어'라는 느낌을 주어야 한다.

한 가지 예를 더 들어 보겠다. 손수건을 가지고 미술을 할 때 빨, 파, 노, 세 가지 색깔의 손수건이 있다면 관객이 성인일 경우 다 아는 색깔이기 때문에 굳이 물어보지 않고 손수건 마술을 진행할 것이다. 하지만 아이들의 경우 자신이 맞추고 참여하는 것을 좋아하기 때문에 마술사가 색깔을 물어본다면 폭발적으로 대답을 하며 손수건 색깔을 대답하려 한다.

마술의 신기한 현상에 있어 어른들 마술과 아이들 마술은 크게 다르지 않다. 사라지고 나타나게 하는 마술의 현상은 똑같지만, 그것을 어떻게 진행하고 이끌어 가냐가 더 중요하다 할 수 있다.

앞서 내가 소개한 몇 가지 마술들을 어린이 눈높이에 맞게 바꿔 보겠다.

1. 미라 마술

1) 일반 멘트 - 자! 여기 빨간색, 파란색, 노란색 미라가 있습니다.

2) 어린이 눈높이 멘트 - 우리 친구들 이집트에 놀러 가 봤나요? 이집트에 가면 엄청 큰 돌 무덤인 피라미드가 있어요. 거기에는 아직도 발견 못 한 미라가 있는데요. 미라는 뭐냐면….

2. 미러 글라스 마술

1) 일반 멘트 - 자! 여기 기다란 로프를 제가 여러 번 잘라 보겠습니다.

2) 어린이 눈높이 멘트 - 우리 친구들! 여기 기~~다란 지렁이가 있어요. 그런데 이 지렁이가 밥을 못 먹어 점점 작아졌대요(로프를 자르면서).

독자 여러분이 느끼기에는 어떤가? 아이들 눈높이에 맞게 마술을 연출하는 것이 느껴지는가? 그런데 참고로 여기서 말하는 눈높이의 연령 수준은 만 3세~초등학교 저학년 친구들까지라는 점을 참고하기 바란다. 초등학교 고학년만 되어도 아이들의 수준이 많이 성숙해져 이런 연출이 자칫 유치하게 느껴질 수도 있다.

또한, 아이들의 눈높이에 다가가기 위해선 아이들이 무엇을 보고 듣고 가지고 노는지 관찰하는 노력을 해야 한다. 요즘 초등학교 친구들이 다 아는 노래가 무엇일까? 인터넷 검색창에 "초통령 노래"라고 검색만 해 봐도 금방 알 수 있다. 바로 이무진 씨의 〈신호등〉이라는 노래와 안예은 씨의 〈문어의 꿈〉이라는 노래다.

나는 실제로 이 노래를 틀어 놓고 어린이 마술을 진행하고 있으며, 마술 준비 중에도 관객들이 친근하고 익숙하게 느껴지게 하기 위해 BGM(배경음악)으로 사용하고 있다.

이 책에 소개한 마술들 중에는 반드시 멘트를 하면서 진행해야 하는 마술들도 있지만, 말을 하지 않고 음악을 틀어 놓고 진행해도 되는 스테이지 마술들도 많이 있다.

내 아이가 좋아하는 만화가 무엇인지 좋아하는 가수의 노래가 무엇인지 유튜브에 검색하여 재미있게 마술을 시연해 본다면 아이들 눈높이에 다가가기에 좋은 시도라 할 수 있다.

《우리 집은 마법학교》 책의 시작은 '가족들 간의 대화를 마술로 연결해 주고 즐거움을 만들어 주자'라는 취지에서 시작한 책이다. 여기서 무엇보다 중요한 것은 가족 간의 관심과 관찰이라 말할 수 있다. 내 아이가 무엇을 좋아하는지 무엇에 관심이 있는지 먼저 관찰한다면 신기함과 더불어 아이들에게 더욱더 친근하게 느껴지는 마술이 될 것이라 확신한다.

센스 넘치는 마술사가 될 준비가 되었기를 바란다.

전옥희

나는 마술을 접하기 전에 대인기피증과 우울증을 앓고 있었다. 우연히 마술책을 무료로 받을 수 있다는 메일 한 통으로 마술을 시작하게 되었다. 교회를 비롯해서 봉사활동을 하고 있던 고아원과 양로원에서 마술공연을 하면서 '나도 뭔가 할 수 있다'는 자신감을 회복하면서 서서히 우울증에서 벗어나고 대인기피증을 이겨 낼 수 있었다.

초등학교 방과후학교 강사로 학생들에게 마술수업을 해 오면서 10여 년이 넘는 시간 동안, 교사나 부모가 우리 아이들에게 어떻게 반응하고 호응해 주는가에 따라 아이들이 얼마나 많이 변화하고 성장하는지 지켜볼 수 있었다.

부모의 권유로 억지로 마술을 배우기 시작한 친구였지만, 부모님의 지속적인 응원과 격려로 2년 만에 스스로 친척들 앞에서 공연을 하는 아이도 있었고, 매번 뒷자리에서 수업을 받으며 자신감이 없었던 친구들이 한 줄 한 줄 앞으로 나오며 결국에는 스스로 공연을 하며 마술대회까지 도전하고, 임원선출 도전까지 나서는 친구들도 만나게 되었다.

많은 아이들이 자신감을 얻고 씩씩하게 성장했지만, 반면에 오히려 자신감을 잃는 친구들도 보았다. 아이들이 가정에서 가족들에게 마술을 보여 주면, 마술의 비밀을 찾아내어 아이들에게 '다 보인다'고 말하면서 아이들의 작은 도전에 고춧가루를 뿌리는 부모들도 있었다. 실망한 아이들의 부모들에게 자녀를 격려하는 방법부터 다시 안내하기도 했다.

이 책을 읽는 독자 여러분이 혹시 아이를 키우는 부모라면, 간곡히 부탁하고 싶다.

자녀가 보여 주는 마술의 비밀을 찾으려 하지 말고, 자녀의 용기와 배움의 결실 자체에 응원과 칭찬을 해 주시라고 말이다. 매번 자녀의 마술을 볼 때마다, 한 단계씩 칭찬을 올려 주면 더 좋다. "지난번보다 더 씩씩하게 표현하네." "지난번보다 발음이 더 분명하네." "표정 연기가 진짜 마술사 같아." 등등 자녀가 더 좋아지길 바라는 부분에 대해서 칭찬을 해 주면 정말 신기하게 그 부분이 향상되는 걸 경험했다. 이러한 칭찬들이 사랑하는 우리 자녀들의 자존감을 높이고 더욱 씩씩하고 당당한 아이로 성장해 가는 자녀의 모습을 만나게 되리라고 나는 확신한다.

　마술은 신기하게도 배우면 배울수록 점점 빠져들게 되는 매력이 있다. 마술의 신기함도 그렇지만, 마술로 인해 달라져 가는 내 모습 때문에 더욱 푹 빠져들게 된다. 마술이라는 매개체를 통해 가정에 웃음꽃이 가득하시길 기원한다.

1

하트 스펀지 (Heart Sponge) 마술

이 마술은 하트 모양의 스펀지가 나타나고 늘어나며 크기가 커지는 재미있는 마술이다.

이 마술을 통해 아이들을 향한 나의 사랑하는 마음을 표현할 수 있고, 아이들 또한 나를 사랑하는 마음을 표현할 수 있는 사랑이 가득한 마술이다.

아이들에게 나의 마음을 보여 준다고 하며 하트 모양의 스펀지를 보여 주고, 아이들의 마음도 확인해 보겠다고 하면서 아이들의 손에 작은 하트 스펀지를 쥐어 주고 마술 주문을 외우면 하트 스펀지의 개수가 늘어난다. 그리고 이 작은 하트들을 모아 마술을 걸면 하나의 큰 하트가 된다.

여러 가지 방법으로 다양하게 응용할 수 있어서 좋고, 처음 보는 사람들과도 소통하면서 이 마술을 보여 주면 금세 웃음을 자아내며 마음을 열 수 있는 장점이 있다. 특히 아이들은 자신의 손에서 하트 스펀지가 늘어나는 것을 매우 흥미롭게 생각하기 때문에 서로 자기 손에서 마술을 해 보라고 난리가 나는 그런 마술이다.

| 연출 영상 | 해법 영상 | 도구 구입 |

 **연출 멘트**

1) 옥희야~! 엄마가 옥희를 얼마나 사랑하는지 아니?
2) 엄마는 엄마 눈이 하트 뿅뿅 될 만큼 사랑해!
3) 옥희도 엄마를 사랑하니?

4) 정말 사랑해?

5) 그럼 확인해 볼까?

6) 엄마의 사랑하는 마음을 옥희한테 줄 거야.

7) 옥희가 엄마를 정말 사랑하면 사랑이 두 배로 늘어나게 될 거야.

8) 수리수리마수리 얍!

9) 와~! 옥희도 엄마를 많이 사랑하는구나!

10) 그럼 옥희와 엄마의 사랑을 모으면 어떻게 될까?

11) 이렇게 사랑이 커지지~! 옥희야 사랑해!!

2

드림 백 (Dream Bag) 마술

이 마술은 아무것도 없는 종이봉투에서 여러 개의 꽃 상자를 비롯해서 다양한 물건이 나오는 신기한 마술이다.

마술사가 비어 있는 종이봉투를 아이들에게 보여 주고, 마술을 걸어 주면, 봉투 안에서 신기하게도 여러 가지 물건이 나타나는 마술이다. 그래서 이름도 드림 백이다.

마술로 돈이 나온다든가, 사탕, 과자, 휴대폰 등 다양한 물건이 나오도록 응용해서 연출할 수 있어서 아이들이 아주 신기해하는 마술이다.

마술을 위한 준비는 비교적 단순하지만, 마술이 이루어지는 과정에

대해서 도구에 대한 이해가 반드시 필요하고, 자연스럽게 연출할 수 있
도록 반복해서 연습해야 한다.

연출 영상   해법 영상

도구 구입 1   도구 구입 2

 **연출 멘트**

1) 종이봉투를 하나 가지고 왔어요.

2) 요기에 우리 친구의 착하고 예쁜 마음을 담아 볼게요!

3) 자, 그럼 예쁜 마음이 어떻게 보이는지 꺼내 볼까요?

4) 마음처럼 예쁜 꽃 상자가 나오네요!

5) 요기에 우리 예쁜 색깔들도 담아 볼게요!

6) 알록달록 무지개 꽃이 나오네요~

7) 우리 친구들 예쁜 마음들 덕분에 맛있는 간식도 나오네요~!

컵 앤 볼 (Cups & Balls) 마술

이 마술은 컵 3개와 작은 공을 활용해서 할 수 있는 마술로 특별한 도구 없이 종이컵 등을 이용해서도 보여 줄 수 있는 생활 마술이다.

아이에게 컵 3개와 공 3개를 보여 주고, 컵을 한 개씩 뒤집어 놓은 상태에서 중간에 위치한 컵에 공 1개를 올려 두면 그 공이 컵을 뚫고 컵 아래로 나타나는 마술이다.

마술이 반복해서 진행되면서, 공 3개가 한자리로 모이게 되는데, 마지막에 신기하게도 공이 한 개 더 늘어나는 반전이 있는 마술이다.

다양한 멘트로 연출이 가능하며, 컵 안이 들여다보이지 않고 차곡차곡 겹쳐지는 컵이라면, 식당이나, 가정 등 어디에서나 쉽게 할 수 있는 마술이다. 마술에 사용된 공은, 냅킨이나 화장지를 말아서 사용해도 충분하다.

연출 영상   해법 영상   도구 구입

 **연출 멘트**

1) 오늘은 컵 3개와 공 3개를 가지고 마술을 보여 줄 거예요.

2) 그런데, 이건 그냥 공이 아니고 '공 가족'이에요.

3) 아빠 공, 엄마 공, 애기 공~

4) 아빠 공이 먼저 퇴근하고 집 안으로 들어왔어요.

5) 짜잔~ 아빠 공이 1층으로 내려왔어요.

6) 이번엔 엄마 공이 마트 갔다가 들어왔어요.

7) 짜잔! 엄마 공도 1층으로 내려왔어요. 아빠 공과 만났네요.

8) 이번엔 애기 공이 유치원 갔다가 집 안으로 들어왔어요.

9) 짜잔! 애기 공이 엄마, 아빠 공을 만났네요.

10) 그런데 그날 밤 엄마와 아빠가 사랑을 나누었대요.

11) 짜잔! 공 가족은 엄마 공, 아빠 공, 형아 공, 애기 공까지 4식구가
되었답니다.

세 줄 로프 (Rope Three) 마술

이 마술은 긴 줄, 중간 줄, 짧은 줄 이렇게 3개의 줄을 활용한 로프 마술이며, 다양한 멘트로 자녀들에게 누구나 소중한 존재라는 메시지를 전해 줄 수 있는 마술이다.

아이에게 긴 줄, 중간 줄, 짧은 줄 이렇게 세 개의 줄을 보여 주고, 세 개의 줄의 끝을 잡고 마술을 걸어 주면 모든 줄이 길이가 같아졌다가 다시 원래의 길이로 돌아가는 마술이다.

약간의 연습과 더불어 적절한 스토리를 접목시키면, 아이들에게 편견, 차별 등 옳지 않은 행동에 대한 메시지를 전달할 수 있는 멋진 마술이다.

　초등학생들조차 외모 등에 대한 편견으로 친구를 왕따를 시키거나 하는 경우가 있는데, 이 마술을 통해 모두가 사랑받을 수 있는 똑같은 사람이라는 메시지를 줄 때 사용하면 좋다.

| 연출 영상 | 해법 영상 | 도구 구입 |

 **연출 멘트-1**

　1) 여기 길이가 긴 줄, 중간 줄, 짧은 줄이 있어요.

　2) 그런데, 긴 줄, 중간 줄, 짧은 줄을 잡고 수리수리마수리 신호를 주면~! 얍

　3) 중간 줄, 중간 줄, 중간 줄 모두 길이가 같아졌어요.

　4) 줄을 모두 모아서 다시 한번 수리수리마수리 얍 신호를 주면~

　5) 각각 긴 줄, 중간 줄, 짧은 줄로 원래대로 돌아갔네요.

1) 한 동네에 갈치, 꽁치, 멸치가 살고 있어요.

2) 그런데, 갈치, 꽁치가 멸치를 놀렸어요. 너는 왜 그렇게 키가 작아? 너하고 안 놀아!

3) 멸치가 기도를 했어요. 난 왜 그렇게 키가 작게 태어난 걸까요? 나도 키가 커지고 싶어요.

4) 그렇게 커지고 싶으니? 그럼 너의 소원을 들어 줄게.

5) 모두 꽁치가 되어 버렸네요….

6) 꽁치, 갈치, 멸치 엄마가 서로 아이들을 찾기 시작했어요.

7) 우리 아이들을 찾아 주세요.

8) 그럼 약속을 해라. 다시는 놀리지 않고, 사이좋게 지낼 수 있겠니?

9) 약속할게요…. 원래대로 돌려주세요.

10) 그래. 그럼 원래대로 돌려주마.

11) 갈치, 꽁치, 멸치가 되돌아왔어요.

12) 그 뒤로 갈치, 꽁치, 멸치는 서로 놀리지 않고 사이좋게 지냈답니다.

5

컬러체인지 CD (Color Change Vanishing CD)
마술

이 마술은 검정 CD 3장을 각각 CD 케이스에 넣고 신호를 주면 빨강, 파랑, 노랑 CD 로 색깔이 바뀌는 마술이다.

무대 공연이나 학예회용 마술로도 활용 가능하며, 마술의 마무리 단계에서 CD 케이스 안을 보여 줌으로써 모두의 예상을 깨고 반전을 줄 수 있는 재미있는 마술이다.

나는 처음 이 마술을 보고는 CD 케이스 안에 검정 시디가 있을 거라고 생각했는데, 안에 아무것도 없는 것을 보고 나의 고정관념이 깨지는 경험을 했던 엄청 신기해했던 마술이다.

이 마술에 적절한 연출을 응용하면, 학교나 교회 등 다양한 장소에서 무대 위에 올라가 여러 사람들 앞에서 보여 줄 수 있는 멋진 무대 마술로 활용할 수 있어서 참 좋은 마술이다.

연출 영상　　　　　해법 영상　　　　　도구 구입

 **연출 멘트**

1) 여기 검정 CD 3장이 있어요.

2) CD 케이스 안에 검정색 CD 한 장을 넣고, 빨간색 리본을 넣고 수리수리마수리~ 얍!

3) 빨간색 CD로 변했어요.

4) 다시 검정색 CD 1장을 넣고, 노란색 리본을 넣고 수리수리마수리 얍 신호를 주면,

5) 노란색 CD로 변했어요.

6) 마지막으로 검정색 CD 1장을 다시 넣고, 파랑 리본을 넣고 수리수리마수리 얍 신호를 주면

7) 파랑색 CD로 변했어요.

8) CD 케이스 안에는 뭐가 있을까요? 케이스 안에는 아무것도 없어

요! 감사합니다.

"칭찬은 고래도 춤추게 한다."라는 말이 있다. 내가 바로 이 고래인 것 같다.

마술로 봉사활동을 막 시작했을 즈음에, 공연 전 관객들의 시선이 마치 '얼마나 잘하나 보자!' '마술을 하든지 말든지!' 그런 말을 하는 듯 느껴져서 더 떨렸고, 실수도 했었다.

그런데, 그렇게 공연을 했는데도, 공연 후 관객들의 눈빛이 달라져 있었다. 양로원에서 한 어르신이 휠체어에서 움직이기 힘든 팔을 뻗어서 내 손을 잡고는 "고마워!"라며 눈시울을 붉히기도 했고, 어린이들은 "저도 커서 마술사 할래요!"라며 환호하며 눈동자를 반짝이기도 했다.

그런 에너지들을 받아서였을까? 나는 봉사활동을 하면서 우울증이 서서히 치유되었고, 대인기피증을 고칠 수 있었다. 나처럼 보잘것없는 사람도 누군가에게 기쁨을 줄 수 있고, 누군가에게 희망을 줄 수 있다는 것이 나에겐 무엇보다 큰 기쁨이었다.

하지만 마술공연이 마냥 즐겁고 좋은 것만은 아니었다. 공연 전날에는 공연준비로 날을 새며 준비를 하고, 공연 후에는 긴장이 풀려서 식

사도 제대로 못 할 만큼 힘든 시간들도 많았다. 그렇게 1년 정도 마술 공연을 하면서 몸이 많이 망가져 병원을 전전하면서도 마술 봉사활동을 포기할 수 없었던 것은 그들에게 나도 무언가를 해 줄 수 있다는 기쁨이 그만큼 컸기 때문일 것이다.

그런 보람과 힘겨움의 시간들이 쌓이면서 지금의 나는 여러 마술대회와 수많은 공연들로 다져져, 지역 내 축제에서도 초청 공연을 하고, 크고 작은 여러 행사에서 사회를 보게 되면서 내가 우울증 환자였다는 사실이 차차 잊혀져 갔다. 사람들은 나를 긍정의 아이콘이요, 항상 씩씩한 사람이고, 늘 밝은 이미지의 사람으로 인식하기 시작했다.

나 또한 희망을 전하는 마술사, 긍정 오키라는 이름으로 나를 소개하며 마술공연을 하고, 특강들을 진행하고 있다.

이렇게 구구절절 지난 나의 이야기를 하는 것은, 결코 자랑을 하고 싶어서가 아니며, 오직 진심 어린 격려가 누군가에게는 얼마나 큰 힘을 주는지를 말해 주고 싶기 때문이다.

이 책을 읽는 독자인 부모들에게 꼭 당부하고 싶은 것이 있다. 이것은 비단 마술뿐만이 아니라 거의 모든 사항에 해당이 된다고 생각한다.

보통 아기가 옹알이하며 부정확한 발음으로 "엄마" 혹은 "아빠"라고 이야기할 때, 또는 아이가 첫 걸음마를 걸었을 때 부모인 우리는 너무나 기뻐한다.

다른 사람들이 들었을 때에는 전혀 아닌 듯한데도, 아기가 분명히 엄마 혹은 아빠라고 했다고 우기며 마냥 기뻐한다. 첫 걸음마 때도 몇 걸음 못 걸었지만, 그저 좋아하며 잘했다고 응원해 주던 부모들이 초등학생인 자녀가 마술을 보여 주면 "나 그거 어떻게 하는지 알겠다!" 혹은 "그 마술은 그렇게 하면 다 보이니까 이렇게 해 봐!"라며 가르쳐 주려고 한다.

물론 부모님은 장난으로 혹은 잘 가르쳐 주려고 하는 것이지만, 부모가 그런 반응을 보이면, 자녀들은 실망하여 이후로는 부모에게 마술을 보여 주는 것을 싫어하게 된다.

자녀들은 누군가가 자신의 마술을 보고, 특히 부모가 기뻐하시는 모습을 보고 싶어서 마술을 더 열심히 배웠을 수도 있다. 그런 자녀들이 보람을 느낄 수 있도록 칭찬을 아끼지 말자.

나는 10여 년이 넘게 초등학교 방과후수업 강사로 많은 학생들을 지도했다.

제일 뒷자리에서 배우며 늘 수줍어하던 친구가 있었는데, '이 친구는 왜 마술을 배우는 걸까?' 하는 의문이 생길 만큼 발표도 어려워하고, 말을 거의 하지 않았던 친구였다. 알고 보니 부모가 시켜서 억지로 마술수업에 들어와 있던 아이였다. 그 친구의 부모는 자녀의 자신감을 길러 주기 위해 마술을 배우게 했고, 아이가 배운 마술을 집에서 가족들 앞에서 보여 줄 때 진심으로 기뻐하면서 격려를 했다고 한다. 그렇게 마술수업에 참여했던 아이가 어느덧 2년 차쯤 되었을 때 부모로부터 전화를 받게 되었는데, 지금도 그때의 느낌이 생생하다. 그 아이의 부모는, 흥분된 목소리로 전화를 해서는 다음과 같은 소식을 전해 주었다.

"선생님~! 우리 아들이 친척분들 앞에서 스스로 공연을 했어요!"
어떤 아이들에게는 별것 아닌 일일 수 있으나, 그 아이에게는 큰 도전이고 용기였다. 이런 소식을 들을 때면, 내가 마술강사라는 사실이 자랑스럽고 큰 보람도 느낀다.

보통은 1~3학년 아이들이 마술에 호기심을 갖는 경우가 많다. 이 시기는 발표력의 걸음마 시기라고 생각한다. 학생들을 지도할 때 나는 다른 사람들에게 마술을 보여 주기 전에 이렇게 인사를 하라고 항상 가르쳐 왔다.

"저는 어린이 마술사 ○○○입니다. 지금부터 신기한 마술을 보여 드리겠습니다."

처음 하는 마술이고, 더구나 초등학교 저학년 아이들은 아직 마술이 익숙치 않아 마술의 트릭이 노출되는 것이 어쩌면 자연스러운 것일 수 있다. 부모들은 아이들의 실수에 대해서 알려 주려고 하기보다는, 아이를 향해 진심이 담긴 격려와 행복의 눈빛을 보여야만 한다. 마치 첫 걸음마를 뗀 자녀에게 환호하듯 기쁜 표정으로 말이다.

자녀들은 부모의 기뻐하는 그 모습에 행복해하며, 더욱더 열심히 연습하게 되고, 어느새 실제로 더욱 씩씩하고 멋지게 마술을 보여 줄 수 있는 마술사가 되어 있을 것이다.

조동희

'마술'이라는 것은 '불가능한 것을 가능한 것처럼 보이게' 하는 것이다. 하나의 마술이 완성되어, 마술사가 사람들 앞에서 마술을 보여 주고 박수를 받기까지는 많은 상상력과 시행착오. 그리고 인내와 노력이 필요하다. 어쩌면, 세상에 거저 얻어지는 것은 없다는 것을 가장 잘 아는 사람들이 마술사가 아닌가 생각한다.

마술사들은 언제 어디에서나 사람들로부터 환영받는 인기인이다. 크고 작은 모임에 마술사가 함께함으로 인해서 그 자리는 즐겁고 유쾌한 시간이 되기 때문이다. 늘 궁금하고, 비밀을 알아내고 싶고, 나도 배워서 해 보고 싶은 것이 마술 아니겠는가.

요즘은 초등학교에서 방과후학교 마술반을 운영하는 곳이 많아서, 아이들이 쉽게 마술을 접할 수 있다. 마술을 잘하는 아이들은 역시 친구들에게 인기가 많다. 일각에서는, 속임수 혹은 사기로 폄하하기도 하지만, 막상 마술이 이루어지는 과정을 들여다보면 생각지도 못한 과학의 원리가 숨어 있거나 기발하고 재미있는 아이디어가 가득한 경우가 많다.

아이들은 마술 교육을 통해 고정관념에서 벗어나 다양한 방법으로 상상력을 키우게 된다. 마술을 배워 남들 앞에서 보여 주기 위해서는 많은 연습을 해야 하며, 친구들에게 마술을 성공적으로 보여 주기 위해 최선을 다해 연기를 한다. 그리고 열심히 연습한 마술을 성공시켰을 때, 아이들은 성취감과 자신감을 얻게 된다. 결국, 이러한 일련의 과정들이 아이들의 자존감을 높이고 사회성을 기르는 데에 도움을 준다고 생각한다. 그리고 기왕이면, 이 모든 과정에서 아이들의 옆에 부모가 함께하면 더 좋겠다는 생각을 자주 하곤 한다.

자녀의 생일날, 혹은 어린이날이나 크리스마스 파티에서, 또는 어느 주말 저녁에 부모가 깜짝 이벤트로 재미있는 마술을 보여 주면 어떨까? 아이가 재미있어하고, 이를 계기로 마술을 배우고 싶어 할 수도 있다. 소중한 내 아이에게 정성 들여 마술을 가르쳐 주고 잘할 수 있도록 도와주는 과정에서 많은 대화와 스킨십이 일어난다. 드디어 내 아이가 친구들에게 마술을 성공적으로 보여 주고, 친구들이 재미있어 했던 일들을 부모에게 신나게 이야기해 주는 모습이 바로 우리가 이 책을 통해 추구하는 가장 소중한 가치이며 보람이다.

그러기 위해서는 먼저 부모인 여러분이 훌륭한 마술사로 변신할 수 있어야 한다. 이 책에 실려 있는 대부분의 마술들은 누구나 쉽게 배워서 할 수 있는 것들이다. 그러나 충분한 연습을 하지 않는다면, 오히려 자녀에게 실망을 안겨 줄지도 모른다. 훌륭한 스승이 훌륭한 제자를 키워 낼 수 있듯이, 여러분이 완벽하게 마술을 보여 줄 수 있을 때 앞서 상상한 모든 것들이 가능해진다.

마술의 세계에 들어온 여러분을 진심으로 환영하며, 자녀를 향한 여러분의 사랑과 새로운 도전에 박수를 보내며 응원한다.

종이컵 공 찾기 마술

이 마술은 세 개의 컵 속에 숨겨
놓은 공을 찾아내는 마술이다.

세 개의 종이컵과 휴지로 뭉쳐서
만든 공을 한 개 준비한다. 마술사는
아이에게 종이컵 속에 있는 공을 숨
기고 찾는 게임을 할 것이며, 게임의
규칙에 대해서 설명을 해 준다. 마술
사가 뒤돌아 있는 동안, 아이는 종이
컵 하나를 선택해서 휴지로 만든 공을 감추어 둔다. 그리고 마술사는
종이컵에 손을 대지 않고 감추어진 공을 찾아낸다.

이 마술은 종이컵 세 개만 있으면 언제 어디에서나 할 수 있는 마술이며, 게임이라는 형식을 통해 자연스럽게 아이가 마술에 참여할 수 있는 마술이다. 휴지로 만든 공 외에도, 사탕이나 과자 같은 간식을 가지고 할 수도 있으며 여러 번 반복해서 진행할 수 있다는 장점이 있다. 하지만, 게임의 규칙을 아이에게 잘 설명해 주어야 하고, 아이가 이것을 잘 이해해야만 한다는 단점이 있다. 그러므로 마술을(게임을) 시작하기 전에 아이가 잘 이해했는지 반드시 확인해야 한다.

    나는 아이들의 생일 파티나 집에서 간식을 먹을 때 이 마술을 자주 사용한다. 특히 아이의 친구들이 우리 집에 놀러 왔을 때 간식을 내놓으면서 단골로 사용하는 마술이기도 하다. 게임을 통해 이기는 사람이 과자를 먹는 것으로 해도 좋고, 게임에서 지는 사람이 뒷정리를 하는 등의 벌칙을 정해도 좋다. 물론 매번 100%의 확률로 마술사가 이기는 게임이지만, 이 마술은 다른 어떤 마술보다도, 아이들이 적극적으로 참여를 하기 때문에 즐겁고 재미있는 분위기를 만드는 데 많은 도움이 된다.

연출 영상   해법 영상

1) 종이컵 안에 숨겨진 공을 찾는 게임을 해 보도록 하겠습니다.

2) 먼저, 게임의 규칙을 잘 알고 꼭 지켜 주어야 합니다.

3) 마술사가 뒤돌아 있는 동안, 세 개의 컵 중에서 하나를 골라 주세요.

4) 그리고 화장지로 만든 공을 (혹은 과자를) 고른 컵 안에 넣어 주세요.

5) 마지막으로 나머지 두 개의 컵을 서로 위치를 바꾸어 주어야 합니다.

6) 잘 이해했나요? 좋아요! 그러면 뒤돌아 있겠습니다.

7) (아이가 공을 숨긴 뒤 다시 뒤돌아서서) 이제 공을 찾아 보겠습니다.

8) 잠시 손을 빌려주세요.

9) 하나, 둘, 셋! 아하! 공은 여기에 있네요!

카드 (Bicycle Rider Back) 마술

이번에 소개하는 마술은, 아이가
선택한 카드를 마술사가 찾아내는
마술이다.

52장의 카드 중에 아이가 한 장의
카드를 선택하게 한다. 아이가 선택
한 카드를 잘 기억해 달라고 말하고,
고른 카드를 다시 나머지 카드들의
중간 즈음에 넣어 둔다. 마술사는 카
드를 펼쳐 놓고 아이가 선택한 카드를 찾아낸다.

카드 마술은, 단일 아이템 중에서 가장 종류가 많은 마술이다. 같은
내용의 카드 마술도 어떻게 응용을 해서 연출하느냐에 따라 완전히 다

른 마술처럼 보여지기도 한다. 카드 마술에는 수많은 기술과 트릭이 존재하지만, 이 책에서 소개하는 카드 마술은 가장 간단하고 쉬운 트릭을 이용해 아이가 고른 카드를 찾아내는 방법을 알려 주고 있다.

마술의 트릭이 사실 정말 간단하기 때문에, 펼쳐 놓은 카드 중에서 아이가 고른 한 장의 카드를 금방 찾아낼 수 있다. 하지만, 기왕이면 카드를 찾아내는 과정에서 아이의 손을 잡고, 아이에게 골랐던 카드를 텔레파시로 보내 달라고 말하고 나서 마치 아이의 텔레파시를 받아 카드를 찾는 것처럼 연출하는 방법을 추천하고 싶다. 단순히 카드를 찾아내는 것보다, 카드를 찾아내기 위해 아이와 자연스럽게 스킨십을 하고 텔레파시라는 소재를 빌려 상호작용을 하는 것이 훨씬 더 가치가 있기 때문이다.

연출 영상   해법 영상   도구 구입

1) 재미있는 카드 마술을 준비했습니다.

2) 여기 많은 카드 중에서, 한 장을 골라 주세요.

3) 고른 카드의 모양과 색깔, 글자를 잘 기억해 주세요.

4) 이제 고른 카드를 다시 여기 다른 카드 위에 올려놔 주세요.

5) 이제 고른 카드를 찾아보겠습니다. 잠시 손을 빌려주세요.

6) (손을 잡고) 마음속으로 골랐던 카드를 생각하고, 텔레파시로 보내 주세요

7) 음, 어떤 카드인지 알 것 같아요. 바로 여기 있는 카드군요.

8) 이 카드가 맞나요?

쏟아지지 않는 컵 [Vanishing Water in the Tank] 마술

이 마술은 스텐 소재로 만들어진 컵에 물을 담은 뒤 뒤집었을 때, 컵 속에 담겨 있는 물이 쏟아지지 않는 신기한 마술이다.

마술사는 컵의 안쪽을 보여 줌으로써 컵 안에 아무것도 없는 것을 확인시켜 준다. 컵에 물을 붓고 종이나 손바닥을 이용해 컵을 덮은 상태에서 컵을 뒤집고, 천천히 손을 떼서 컵에서 물이 쏟아지지 않는 마술을 보여 준다. 그리고 다시 컵에 마술을 걸고 나서 컵을 기울이면 물이 쏟아져 나오는 마술이다.

이 마술의 비밀을 알고 나면 참 간단한 마술인데, 모르는 상태에서 보게 되면 그렇게 신기할 수가 없다. 도구의 특성을 이해하면, 마술을 연출할 때, 음악이 필요하거나 큰 소리로 마술의 과정을 설명하는 노력이 필요하다는 것을 자연스럽게 알게 된다.

나는 아주 오래전에 TV에서 이 마술을 본 적이 있는데, 참 인상적이었고 신기했다. 휴대가 간편하고, 이 마술 컵과 물만 있으면 언제 어디에서나 할 수 있는 간단하고도 신기한 마술이어서, 여러 사람 앞에서 보여 주어도 손색이 없는 마술이다. 기술적으로 큰 어려움이 없는 마술이면서도 마술적 효과가 좋아서, 강력하게 추천한다.

연출 영상   해법 영상   도구 구입

 연출 멘트

1) 여기 컵이 하나 있습니다.
2) 보이는 것처럼, 컵 속에는 아무것도 들어 있지 않습니다.

3) 이제 이 컵에 물을 부어 보겠습니다.

4) 종이 한 장을 덮고, 마술을 걸어 보겠습니다. 하나, 둘, 셋!

5) 컵을 뒤집어도 신기하게 물은 쏟아지지 않습니다.

6) 물이 사라졌을까요? 다시 마술을 걸어 보겠습니다. 하나, 둘, 셋!

7) 다시 물이 쏟아져 내립니다. 참 신기한 마술이죠?

4

화장지를 이용한 마술

이 마술은 손안에 있어야 할 화장지 뭉치가 사라지는 마술이다.

마술사는 화장지 한 장을 들고 길게 말아 잡는다. 화장지를 아래에서부터 잘 감아 주어, 마치 올챙이처럼 둥근 머리에 꼬리가 있는 모양을 만들어 준다. 화장지의 꼬리 부분을 잘라 내고, 머리처럼 생긴 공 모양의 화장지를 주먹 안에 잘 잡고 있는 상태에서, 마술을 걸어 준다. 그리고 주먹을 펴면, 공 모양의 화장지 뭉치가 사라져 있다.

이 마술은 우리가 일상생활에서 늘 사용하는 화장지를 이용한 마술이어서, 잘 익혀 두면 언제 어디에서나 즉석에서 아무런 사전 준비 없이 보여 줄 수 있는 마술이다. 또한, 마술을 진행하는 과정에서 아이들과 자연스럽게 묻고 대답하는 과정을 통해 아이들이 마술에 참여하도록 유도하기가 용이하다. 분명히 주먹 안에 있어야 할 화장지 공이 사라지는 반전을 통해 재미가 배가 되는 마술이다.

일반적으로 마술을 위해 만들어진 도구를 사용하면 쉽게 마술을 할 수 있다. 그러나 비용을 들여 마술 도구를 구입해야 하고, 내가 가지고 다녀야만 마술을 보여 줄 수 있다. 그러나 이렇게 일상생활 속에서 쉽게 구할 수 있는 소재를 이용한 마술은 별도로 비용이 들어가지도 않고, 굳이 일부러 가지고 다녀야 하는 번거로움이 없다는 장점이 있다. 대신 연습을 많이 해야 한다. 자연스럽게 할 수 있도록 거울 앞에서 반복 연습이 필요하다.

아무런 준비가 없는 상황에서 마술을 보여 달라는 요청을 받았을 때, 당장 내 주머니 속 동전이나 눈앞에 있는 화장지 같은 것을 가지고 즉석에서 보여 줄 수 있는 마술들은 처음에는 익히기가 다소 어려울 수 있다. 하지만 한 번만 제대로 익혀 두면, 두고두고 오래 써먹을 수 있기 때문에 꼭 배워 두라고 권해 주고 싶다.

연출 영상　　　　　　해법 영상

 연출 멘트

1) 화장지를 이용해서 재미있는 마술을 보여 드리겠습니다.

2) 화장지를 이렇게 손에서 길게 잘 말아 쥐어 보겠습니다.

3) 이렇게 아래에서부터 말아 주면,

4) 여러분은 이게 어떤 것과 비슷한 모양인가요?

5) 제기, 올챙이, 키세스 초콜릿, 콩나물 등등 모두 맞습니다.

6) 이렇게 동그란 머리에 꼬리가 있지요.

7) 꼬리를 한번 떼어 보겠습니다.

8) 이제 주먹 안에는 동그란 머리만 남아 있겠지요?

9) 주머니에서 마술 가루를 가져와서 뿌려 보겠습니다.

10) 혹시 마술 가루 보셨나요? 한 번 더 마술 가루를 뿌려 보겠습니다.

11) 이제 이 주먹에 마술을 걸면, 하나, 둘, 셋!

12) 동그란 머리가 사라졌습니다!

5

멀티팬 (Multi Pan) 마술

이 마술은 아무것도 없는 그릇에서 물건이 나오는 마술이다.

마술사는 그릇의 안쪽을 아이들에게 보여 준다. 그릇 안에는 아무것도 없다. 뚜껑을 덮고 마술을 걸어 준 뒤 뚜껑을 열면 과자나 사탕이 가득 들어 있다.

이 마술은 가장 간편한 방법으로 물건을 만들어 낼 수 있는 활용도가 매우 높은 마술이다. 사탕, 과자, 손수건, 꽃 등등 다양한 물건을 만들어 낼 수 있으며, 심지어 살아 있는 비둘기나 햄스터 같은 동물을 만들어 낼 수도 있다. 여기에서 소개하는 도구의 소재는 플라스틱이지만, 철이나 스테인리스 등으로 만들어진 도구의 경우는 기름을 붓고 불을 붙이는 연출도 가능하기 때문에 프로 마술사들도 많이 사용하는 마술이다. 마술로 만들어 낼 물건을 미리 준비해야 하지만, 사전 준비가 매우 간단하고 진행 과정이 단순하다는 장점이 있으며, 다양한 방법으로 응용하여 활용할 수 있는 훌륭한 마술이다.

'마술'이라는 단어를 생각했을 때, 가장 쉽게 연상되는 이미지는 아무것도 없는 상태에서 무언가를 만들어 내는 모습이 아닐까 싶다. 이이들은 동화책이나 TV에서 마법사 혹은 요정들이 마법으로 무언가를 만들어 내는 장면을 많이 보아왔다. 아이들이 화면이나 지면을 통해 보았던 상상 속의 장면을 현실에서 구현해 낼 수 있는 가장 쉬운 마술이라고 할 수 있다.

연출 영상

해법 영상

도구 구입

연출 멘트

1) 여기에 그릇이 하나 있습니다.

2) 그릇 안에는 아무것도 없지요.

3) 뚜껑을 덮고, 마술로 여러분이 좋아하는 간식을 만들어보겠습니다.

4) 하나, 둘, 셋!

5) 과자가 가득 나왔습니다!

마술을 활용한다는 것

　마술사들은 도대체 할 줄 아는 마술이 몇 가지나 될까? 100개? 200개? 평생을 마술에 바쳐 온 사람들은 할 줄 아는 마술이 한 1,000개쯤 되지 않을까? 매년 수백 가지의 새로운 마술들이 쏟아져 나온다. 한국뿐만 아니라 세계 여러 나라에서 개최되는 마술대회에 가 보면, 늘 처음 보는 새로운 마술, 혹은 기존의 마술을 응용해 더욱 발전시킨 마술들이 쏟아져 나오는걸 볼 수 있다.

　그동안 마술사로서, 마술강사로서의 삶을 살아오면서 내가 할 줄 아는 마술이 몇 가지나 되는지 세어 본 적은 없지만, 막상 내가 일상에서 주로 사용하는 마술은 사실 그리 많지 않다. 식당이나 카페에서 혹은 술자리에서 주로 사용하는 마술, 무대에서 공연을 할 때 사용하는 마술들, 강의를 할 때 사용하는 마술들이 사실 거의 정해져 있다. 그 순간 그 자리에서 가장 효과적이고 좋은 마술인데, 오랜 시간 동안 많이 해 왔고, 그동안 쌓인 다양한 노하우들이 그 마술을 더 잘할 수 있게 숙련이 되어 있기 때문이다.

마술을 배울 수 있는 방법이 매우 많다. 이 책에도 쉽고 효과적인 마술들이 많이 소개되어 있지만, 굳이 많은 마술을 다 섭렵하려 애쓰지 않아도 된다. 한두 가지, 혹은 두세 가지만이라도 충분히 연습해서 완벽하게 내 것이 된다면, 그것만으로도 내 삶이 충분히 더 즐거워질 수 있기 때문이다.

많이 알고 있거나, 할 줄 아는 마술이 많은 것보다, 완벽하게 보여 줄 수 있는 마술을 찾는 것이 더 중요하다. 흥미로운 것, 연출을 하기에 쉬운 것, 몇 번을 반복해서 보여 줘도 내가 즐거운 마술을 찾아서 계속 해보는 것이 가장 좋은 방법이다.

우선, 이 책에 나오는 마술들을 처음부터 끝까지 한 번 보고 난 후, 아이와 함께 먼저 배워 보고 싶은 마술부터 하나씩 배워 보고 실제로 해보는 과정 속에서 어떤 마술이 제일 좋은지를 찾아 주는 것이 좋은 방법이다. 내 자녀가 재미있어하고, 언제 어디에서나 잘 활용할 수 있는 마술을 찾아 주고 같이 연습하고, 친구들에게 보여 주고 나서의 피드백을 들어 보고, 더 잘할 수 있는 멘트나 연출을 고민해 보고 다시 연습을 해서 더 멋지게 보여 주고 성공했을 때의 성취감을 느껴 보는 것이 가장 가치 있는 일이 아닌가 생각한다.

똑같은 마술이지만, 하면 할수록 더 잘하게 될 것이다. 그렇게 하나

씩 하나씩 나의 마술을 늘려 간다면, 어느새 우리 아이는 주변으로부터
인기 있는 멋진 아이로 변해 있을 거라고 감히 약속한다.

♠ 마술 도구 이름 표기에 대하여 ♠

이 책에서 소개하는 마술에 대한 영문 표기는 널리 세계적으로 통용되는 정확한 마술 도구의 이름일 수도 있지만 그렇지 않은 경우도 많다. 마술의 이름을 표기하는 과정에서, 최초에 그 마술 자체가 지닌 이름을 표기하는 경우도 있고, 눈에 보여지는 마술의 현상을 한국식으로 쉽게 표현하여 새롭게 이름을 붙이는 경우가 있기 때문이다. 이것을 다시 영어로 직역하다 보니 완전히 다른 이름으로 표기가 되어 버리는 현상이 생기곤 하는데, 이 책에서는 독자들이 쉽게 마술 도구를 구입할 수 있도록 돕기 위해 마술 도구를 판매하는 업체의 표기 방식을 그대로 넣었다는 점을 알린다.

♠ 마술 도구 구입에 대하여 ♠

책 본문에 안내되어 있는 QR 코드를 통해 마술 도구를 구입하고자 했을 때, 간혹 링크가 사라져 원하는 도구가 나오지 않을 수 있다. 이것은 마술 도구를 판매하는 마술 도구 쇼핑몰의 자체 시스템에서 링크가 바뀐 탓이어서, 출판 이후에도 얼마든지 링크가 바뀔 수도 있다는 점을 양해해 주기 바란다. 이 부분을 보완하기 위하여, 직접 검색할 수 있는 마술 도구 용품 쇼핑몰을 안내하니 참고하기 바란다.

- 쇼핑몰 홈페이지 : https://jlmagic.co.kr/ (제이엘 매직)
- 대표번호 : 1688-7808
- 네이버 검색 : 제이엘매직

우리 집은 마법학교

초판 1쇄 발행 2024년 3월 19일

지은이	강덕호 · 강혜원 · 고삼식 · 곽유영 · 이승희 · 전옥희 · 조동희
펴낸이	이기봉
편집	좋은땅 편집팀
펴낸곳	도서출판 좋은땅
주소	서울특별시 마포구 양화로12길 26 지월드빌딩 (서교동 395-7)
전화	02)374-8616~7
팩스	02)374-8614
이메일	gworldbook@naver.com
홈페이지	www.g-world.co.kr

ISBN   979-11-388-2860-4 (03690)